"十二五"国家重点图书出版规划项目
北京市科学技术委员会科普专项资助

荒漠产业经济：
拓展人类生存空间

熊定国　安成信 / 著

by Xiong Dingguo; An Chengxin

北京理工大学出版社
BEIJING INSTITUTE OF TECHNOLOGY PRESS

版权专有 侵权必究

图书在版编目(CIP)数据

荒漠产业经济：拓展人类生存空间／熊定国，安成信著. —北京：北京理工大学出版社，2012.1（2015.4重印）

"十二五"国家重点图书出版规划项目

ISBN 978-7-5640-5215-7

Ⅰ.①荒… Ⅱ.①熊…②安… Ⅲ.①荒漠—产业经济—研究—中国 Ⅳ.①F323.211

中国版本图书馆CIP数据核字（2011）第207507号

出版发行 / 北京理工大学出版社	
社　　址 / 北京市海淀区中关村南大街5号	
邮　　编 / 100081	
电　　话 /（010）68914775（办公室）　68944990（批销中心）　68911084（读者服务部）	
网　　址 / http://www.bitpress.com.cn	
经　　销 / 全国各地新华书店	
印　　刷 / 北京地大天成印务有限公司	
开　　本 / 787毫米×960毫米　1/16	
印　　张 / 11.75	
字　　数 / 127千字	责任编辑 / 范春萍
版　　次 / 2012年1月第1版　2015年4月第2次印刷	文案编辑 / 张慧峰
印　　数 / 2001～4000册	责任校对 / 陈玉梅
定　　价 / 38.00元	责任印制 / 边心超

图书出现印装质量问题，本社负责调换

我们将给后代留下怎样的未来（代总序）

范春萍

  尽管昨晚在网上接来转去了不少跨年的祝愿，但真正意识到这的确已经是2015年的第一天了，却是在今晨睁开眼睛的一瞬间。望着窗外迷蒙的晨曦，想着昨夜呼啸的劲风竟未能让京城雾霾尽散，心中无限惆怅。打开手机，赫然入眼的居然是上海外滩跨年人群发生踩踏事件，现场35人死亡，47人受伤。禁不住泪如涌泉。

  如今，不知有多少人像我一样，忙碌和笑颜背后深埋着隐忧，沉重的危机感成为我们共同的思维背景和挥之不去的梦魇。

  1962年，当卡逊（Rachel Carson）发现农药对生态系统的致命伤害，出版《寂静的春天》时，她一定相信揭露真相，就可以抵制农药的使用，让环境得到保护；10年后的1972年，罗马俱乐部发出给世界的第一份报告《增长的极限》，依据1900年以后70余年的数据，以数学模型仿真演绎世界未来，提出以零增长避免危机的方案，并游说各国政府共同应对环境危机时，佩奇（Aurelio Peccei）们一定相信，人类共同行动可使危机得以避免，那年在斯德哥尔摩召开了历史性的人类环境大会，提出"只有一个地球，人类应该同舟共济"的理念；再过20年后的1992年，世界各国首脑重聚里约热内卢，提出可持续发展理念，签署一系列旨在促进共同行动的协议和宣言，以为找到了可以告慰子孙、共赴未来的钥匙；本世纪之初的2004年，当田松发表《让我们停下来，唱一支歌吧》时，他还相信可以有这样的场景出现：全世界所有链条中的所有人，让我们停下来，面对一朵花儿，把手放在无论哪里，一起唱一支歌儿吧！

延续这样的思维，2009年，我们向北京科委申请科普立项并得到批准，开始着手组织出版"回望家园"丛书，希望能从不同角度，梳理环境破坏的状况，阐释保护环境的道理，探寻避免危机的途径，以唤醒更多人的思考和行动。

然而，著述的进展却非常不顺利。中途停摆换人、书稿返工放弃、修订补充文献、交稿档期拖延，各种状况不一而足，历时五年多才终于形成7个分册。反思原因，豁然醒悟，是时代的错综复杂和万千变化使我们无法有效地跟进，难以清晰地梳理和透彻地表达。

仿佛就在这五年间，世界出现了比以往任何时代都更加突飞猛进的变化。人类目前的危机，不只在于无法采取一致的环境保护行动，更在于打着各种发展旗号却充满潜在风险的行为（或言成就）又在登峰造极。而环境的状况，已再也容不得行动的拖延——这是怎样的窘境和险境？是怎样的前所未有的危机？

人类社会是典型的充满巨大不确定性的复杂巨系统，元素或子系统种类繁多，层次繁复，本质各异，子系统之间、不同层次之间关系盘根错节，机制不清，不可能通过简单的方法从微观推断宏观，也不可能简单地将此一方法移植于彼一情境而求取预期的效果。荒漠化、气候变暖、生物多样性减少、环境污染，是联合国通过调查研究归纳出的人类四大生态环境问题。而其中每一项都是致毁的。

当前，人类社会最紧迫的任务是：放慢发展速度，治理污染，有序地撤出自然保护核心区，停止对目前尚且完整的自然山川的任何形式的工业及能源开发，有序地对受伤过重的土地退耕退牧，给自然生态以喘息和恢复的时间，以避免生物圈的整体大崩盘。而这，这需要人类达成共识，共同行动才能实现。

目前，地球上70多亿人口大约可分为三大部分，其中第一部分挣扎在温饱线以下，为获得基本生存资料而直接攫取环境中的生活资源；第二部分处于发展的路上，刚刚分享到一点点物质文明的成果，为发展而大规模开发物质生产条件，粗放地毁坏着环境、劫掠着资源；第三部分已进入疯狂发展的快车道，大数据、智慧城市、智能生产、生物工程、脑科学、机器人、纳米器械、量子计算机、新产业革命……，于无形中将自己置于工业文明食物链的顶端，成为发展的领航者，貌似清洁地于无形中吸纳、消费着前两部分的资源、产品、智力和环境容量，而第一第二部分，承接着领航者溢出的创新效益，也承接着领航者排放的垃圾，不由自主地追随领航者的脚步，一同冲向无底深渊。

如果地球无限，怎样发展都没问题，然而不管多聪明，不管所创造的物质体系多智能，人类毕竟还是自然界中的一个物种，是自然生态之网上的一个环节，没法脱离自然界而生存，健康的生态环境是人类永续发展的前提条件。

我们将给后代留下怎样的未来？这是当今人类需要共同思考和面对的问题。

技术批判哲学先师海德格尔在其著名的《关于技术的追问》结尾处，援引荷尔德林的诗句："哪里存在危险，哪里便冲腾着拯救的力量。""拯救"，应该是未来人类社会较长时期内最明确的主题词，拯救环境、拯救生态、拯救自身、拯救可能消失的未来……我们祭出这套丛书，也是希望由对危机的揭示而唤醒更多拯救的行动。

回望伤痕累累的家园，拯救的工程艰巨无比，个体羸弱无力。尽管如此，我们仍愿发出自己的呐喊，以求有更多的人猛醒，共赴时艰。

刚刚逝去的2014年流行过一句话："梦想还是要有，万一实现了呢？"羸弱的声音也要喊出来，或许更多的羸弱之力可以共同创造出一个奇迹呢。

2015年1月1日起笔，1月5日修成

目 录

序 / 001

前　言 / 001

第一章　家园失守 / 001

　　第一节　春天不寂静：风卷黄沙舞漫天 / 003
　　第二节　北京将成黄沙之都？/ 005
　　第三节　被吞噬的人类文明 / 009
　　第四节　敦煌正变成第二个楼兰？/ 012
　　第五节　中华水塔存忧患 / 014
　　第六节　干涸的岂止湖泊 / 020
　　第七节　大动脉仍在流血 / 023

第二章　谁来埋单 / 027

　　第一节　让自然之力恢复自然 / 027
　　第二节　人类自食其果 / 029
　　第三节　全球在行动 / 032
　　第四节　"决不能让民勤成为第二个罗布泊" / 035
　　第五节　"绿色长城"中国壮举 / 038
　　第六节　国际生态合作典范 / 040

第三章　荒漠产业经济谱新篇 / 043

　　第一节　钱学森预言第六次产业革命 / 044
　　第二节　铺就新兴财富之路 / 045
　　第三节　商机无限　功德无量 / 048

第四章　大漠财富的美丽传说 / 053

　　第一节　吞尽黄沙始吐金 / 054
　　第二节　沙漠葡萄酒庄的神话 / 057
　　第三节　沙漠药材弥珍贵 / 061
　　第四节　沙生灌木饲料之王 / 066
　　第五节　农耕文明的嬗变——新型日光温室产业 / 067

第五章　"追风逐日"续辉煌 / 069

　　第一节　倚风驭"龙"　不是梦想 / 069
　　第二节　光热"千机变"　离现实并不遥远 / 072
　　第三节　神奇文冠果　不只是生物柴油 / 074
　　第四节　沙漠第一草　"鬼子姜"显神奇 / 077
　　第五节　沙生植物　生物质能源 / 080

第六章　唯美沙之韵 / 083

　　第一节　风景沙漠独好 / 083
　　第二节　魂牵梦绕恩格贝 / 089
　　第三节　大漠明珠响沙湾 / 094
　　第四节　腾格里达来月亮湖 / 096
　　第五节　英雄沙坡头 / 099

第七章　根治地球溃疡 / 101

　　第一节　再造一个粮仓 / 102
　　第二节　盐碱地上稻花香 / 105
　　第三节　绽放的红玫瑰 / 109
　　第四节　汉麻开创时尚生活 / 111

第五节　神奇竹柳　速生树王 / 114

第八章　为大动脉止血 / 117

　　第一节　"维C之王"沙棘　保水固土先锋 / 117
　　第二节　中华欧李　谁与争锋 / 120
　　第三节　"一树五用"牛角瓜 / 123
　　第四节　大叶麻竹　"半坡脆笋" / 126

第九章　碧水蓝天莫再忧伤 / 133

　　第一节　荒山种出"树羊绒" / 134
　　第二节　山茶花开格外香 / 138
　　第三节　桑牧翳野　天下富足 / 141
　　第四节　橡籽，真正的木本粮食 / 143
　　第五节　干热河谷创奇迹 / 146

第十章　重塑家园——拓展人类生存空间 / 151

　　第一节　比改造火星更现实 / 151
　　第二节　土地产权的制约 / 152
　　第三节　利益冲突与机制障碍 / 155
　　第四节　依靠科学技术 / 157

后　记 / 162

主要参考文献 / 165

序

这是一本比较全面地介绍荒漠化问题的书,值得一切关心生态环境问题的人们一读。

生态环境直接影响着人类的生存。近百年来工业的迅速发展,使地球生态环境遭到不同程度的破坏。人们因为追逐眼前利益而牺牲了长远利益,这是一个令人忧虑的问题。

土地荒漠化是生态环境遭到破坏的一个重要表现。河水断流,湖泊干涸,地下水位下降,湿地消失,这类现象每天都在发生。于是,土地沙化了,盐渍化了,石漠化了,人类食物的来源地日益缩小,不能不面临着饥饿的威胁。

可喜的是,人类已经开始意识到问题的严重性,开始重视包括防治荒漠化在内的生态环境的保护与建设。在我国,党和政府对生态问题给予了高度重视,采取了包括大幅度增加投入在内的一系列措施,越来越多的科学家、企业界人士及广大群众也纷纷参与生态环境的保护与建设。

大量事实证明,只要高度重视,只要依靠科技,只要把社会力量动员起来,荒漠化是可以治理的,良好的生态环境是可以逐步恢复的,并且可以从中获得很好的经济效益,当地群众可以明显地增加收入,改善生活。

这是一项功德无量的事业,又是一项充满商机的事业。只要我们发扬愚公移山的精神,继续努力奋斗,那么,绿色将覆盖整个中华大地,中华大地将永远充满生机。

安成信

2011年11月24日

前　言

荒漠化与气候变暖、生物多样性减少以及环境污染共同构成了20世纪下半叶以来现代人类社会面临的四大生态环境问题，但由于荒漠化对人类生存空间的蚕食是慢性的，对人们生命财产的掠夺也是慢性的，不像其他突发灾害那样能在短时间内引起震撼，这使人们容易忽视它的危害。

联合国前任秘书长安南在第10个世界荒漠化日（2004年6月17日）发表的讲话中说："荒漠化破坏了土地的产粮能力，造成食品供应短缺、饥饿和贫穷，随之引发了社会、经济和政治领域的失衡，甚至动荡。这进一步加剧了土地退化和社会贫困，形成恶性循环。"

其实，不仅是土地退化和社会贫困之间形成恶性循环，四大生态环境问题也是相互作用的，与社会问题交织在一起，形成一个更大的恶性循环。

对于荒漠化，联合国采取了一系列治理行动。1994年通过了旨在通过具有创新的地方、国家、次区域、区域方案和鼎力相助的国际伙伴关系推动采取具体行动的《防治荒漠化公约》，确定了从1995年起每年6月17日为"世界防治荒漠化与干旱日"，呼吁各国政府重视土地沙化这一日益严重的全球性环境问题，2003年通过决议，宣布2006年为"国际荒漠年"，呼吁全人类同心协力应对荒漠化问题。

受荒漠化困扰的国家也都在积极采取行动，甚至立法，以图消除至少是减缓荒漠化的危害。然而，相对于日益恶化的荒漠化问题及其严重后果，这一切都是远远不够的！

首先要解决认识问题。必须尽可能使更多的人充分认识到荒漠化的危害和治理荒漠化的迫切性。因为荒漠化和地球上所有的人和生命都密切相关。一方面，世界上许多地方的人经常遭受沙尘暴甚至碱尘暴的蹂躏，或干旱缺水，或耕地消失，或草原退化，或河湖干涸……生产生活甚至生存受到极大的威胁和侵害。另一方面，生活在这些地区以外的人们，也因整个人类的生存空间被严重压缩或因越来越多的生态移民涌入而遭受着不同程度的影响。再者，在当今世界的每一个角落，人们正在越来越频繁、越来越猛烈地遭受或洪水、或热浪、或干旱等种种灾害的煎熬。

拿我国来说，党和国家十分重视防治荒漠化。通过几十年的努力整体上荒漠化的控制有了效果，但北京每年春天沙尘暴还是如期而至，人们依然在担心有朝一日辉煌的首都会被黄沙掩埋！中华水塔（实际上也是亚洲的水塔）的生态状况越发令人担忧。长江、黄河源头的沙化不断扩大，冰川快速退缩，森林大片消失，湿地大面积干枯。民勤仍有可能成为第二个罗布泊，敦煌正在变为第二个楼兰，以致温家宝总理在不同场合多次呼吁"救救敦煌"！不断加剧的石漠化和水土流失，致使多少山怪石嶙峋，多少坡寸草不生，多少土涌入江河，多少人家贫如洗……荒漠化显然仍在加剧！

荒漠化这个全球性问题对人类的生存构成了前所未有的挑战。

那么，面对沙化、石漠化、盐碱化的荒漠化土地，人类真的就无所作为了吗？

当然不！

我们发现，只要有效组织，科学规划，依靠科学技术，荒漠化土地不但是可以治理的，而且也是完全可以利用的，利用好了，还能为人类增加大量的优质粮食、油料、棉花、医药、纸浆等战略物资的供应，为人们提供生态休闲、旅游探险的好去处，为投资者创造巨大的财富。

于是，我们提出了"治理荒漠化，发展产业化"——荒漠产业经济应运而生。

所谓荒漠产业经济，就是发展荒漠生态产业的经济-生态复合行为。初步划分可包括荒漠农业经济、荒漠林业经济、荒漠能源经济、荒漠医药经济、荒漠旅游经济等。荒漠产业经济集生态建设与经济发展于一体，是荒漠化地区土地高效开发利用的新型经济发展模式。发展荒漠产业经济，通过从个体到整体、局部到全局各层面上最大限度的融合，实现生态稳定与经济高效。其特点在于以新思维、新技术、新材料和科技创新为依托，选择适应当地生态环境的特色生物种质资源发展特色经济，构造生态经济保障体系，实现产业发展中经济高效、生态安全的双重目标。

事实上，许多年以来，国内外已经有很多人、很多企业、很多机构、很多组织从事荒漠产业经济的开发和实践，并且取得了巨大的成功。这些向荒漠化宣战的实践者们用毕生的精力、全部的心血、大量的金钱甚至宝贵的生命，创造了首开先河的业绩，谱写了惊天动地的赞歌，个个值得尊敬，曲曲感人至深。从他们的事迹，我们可以得到创富的启示、心灵的洗涤和情趣的陶冶，更可能受此鼓舞而改变人生的坐标和航程……

当然，当前的荒漠化治理也不是没有问题，比方说利益冲突与机制障碍等。这是不可回避的。国家与农牧民之间，中央与地方政府之间，地方政府与农牧民、企业之间都存在利益冲突。而利益冲突导致各利益主体难以在荒漠化治理上形成合力，使荒漠化治理困难重重，效果大打折扣。而且，从土地制度上来看，土地产权的不明晰是土地荒漠化防治最本质的机制障碍。这些问题需要很好的解决。但愿本书能起到抛砖引玉的作用。

人类已经在深刻地认识大自然，更理智地对待我们赖以生存的地球，更认真地思考自己的过去和将来。治理荒漠化，发展荒漠产业经济，无疑可以大大拓展人类的生存空间。

治理和利用荒漠化土地很难，但总比把火星改造成"备用地球"来得更容易。而且，治理荒漠化，发展产业化，功德无量，商机无限。

让我们一起行动吧！

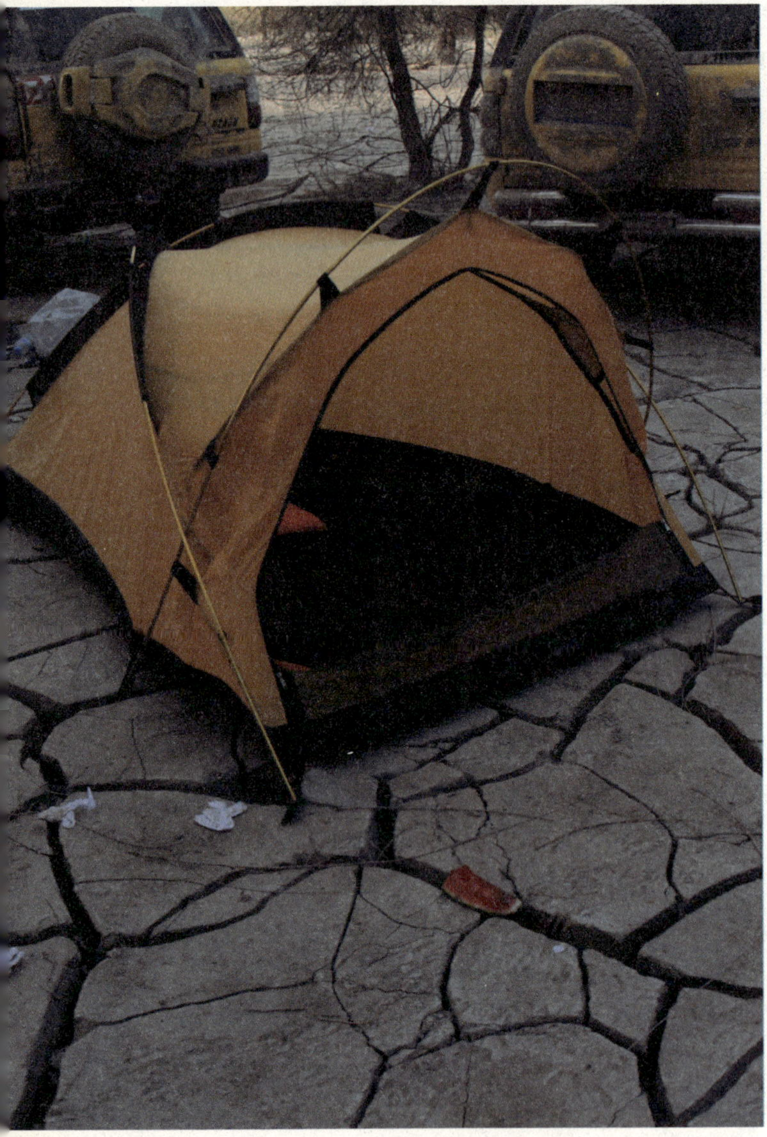

第一章
家园失守

> 在茫茫宇宙中，运行着无数星球，但只有地球才是人类的家园，而且是人类唯一的家园，是人类的母亲，无可替代。
>
> ——安成信

地球孕育了人类，这是不争的事实。

可人类并没有善待自己唯一的家园，而是一直在向自己的母亲贪婪而残暴地索取。人类已经习惯了把大自然作为征服与控制的对象，而非保护并与之和谐相处的对象，更不像是对待自己无可替代的母亲。

人类长期喊着流行于全世界的口号——"向大自然宣战""征服大自然"，并基于这一意识而制定了许多经济与社会发展计划，获得了人类文明的许多进展，从而超越了曾经生存于地球之上的所有其他物种，真正成为了地球生命的"霸主"。

人类的这种意识一直持续到20世纪。1962年，美国海洋生物学家蕾切尔·卡逊（Rachel Carson）出版了《寂静的春天》一书，首次对人类这一意识的绝对正确性提出质疑。美国前副总统戈尔如此评价："《寂静的春天》是一座丰碑，她为思想的力量比政治家的力量更强大提供了无可辩驳的证据。《寂静的春天》犹如旷野中的一声呐喊，用她深切的感受、全面的研究和雄辩的论点改变了历史的进程。她惊醒的不只是一个国家，甚至是整个世界。她掀起了一场遍及全球的运动，同时引发了公众、各国政府和国际社会对环境问题的高度关注，从而促使联合国于1972年6月15日在斯德哥尔摩召开了'人类环境大会'，并由各国签署了《人类环境宣言》，开始了环境保护事业。"

《寂静的春天》的出版被看成是现代环保运动的肇始，人类从此开始了广泛的环境和生态保护事业。

到了世纪之交，人类终于认识到：威胁我们生存的，不仅仅是杀虫剂的使用，也不仅仅是全球化的、愈演愈烈的环境污染，还有比杀虫剂和环境污染更可怕的：土地荒漠化！它和全球气候变暖、生物多样性减少以及环境污染共同构成了20世纪下半叶以来现代人类社会面临的四大生态环境问题。尤其是土地荒漠化，被称作"地球的癌症"，从某种程度上讲，荒漠化的危害比洪涝、地震等自然灾害更严重，因为它摧毁着人类赖以生存的土地和环境，直接威胁人类社会经济发展的基础和空间。

土地荒漠化已对人类的生存构成了前所未有的挑战。全球陆地面积的1/4受到不同程度荒漠化的危害，而且以每年5万~7万平方千米的速度扩展。100多个国家和地区的10多亿人深受其影响，有1.35亿人在短期内面临失去土地的危险。

中国是世界上荒漠化问题最为严重的国家之一。据国家林业局2011年1月4日公布的第四次全国荒漠化监测结果，截至2009年底，全国荒漠化土地面积262.37万平方千米，占国土总面积的27.33%，分布于18个省（自治区、直辖市）的498个县（旗、市），涉及4亿人，其中直接受荒漠化危害影响的人口约5 000万人。荒漠化每年造成的直接经济损失达1 200亿元。尽管通过长期的努力，我国荒漠化防治取得了显著进展，但土地荒漠化仍然是中华民族的心腹大患。

荒漠化正在使人类唯一的家园失守！

小贴士

"荒漠化系指包括气候变异和人类活动在内的种种因素造成的干旱、半干旱和亚湿润干旱地区的土地退化。"（《联合国防治荒漠化公约》）荒漠化主要有沙（漠）化、石漠化、盐碱化、水土流失等类型。近年来，越来越普遍而突出的矿区生态破坏也被列为土地荒漠化的一个重要类型。

第一节 春天不寂静：风卷黄沙舞漫天

春天是鲜花盛开、百鸟齐鸣的季节，大地洒满明媚的阳光，山川披上娇美的色彩，林间飞扬着悦耳的蝉鸣，田野飘荡着醉人的芳香……春天是如此地生机勃勃，如此地美丽浪漫。

然而，美丽的春天正在变成人们遥远的记忆。

"从某一个时候起，突然地，在春天里就不再听到燕子的呢喃、黄莺的啁啾，田野里变得寂静无声了。"这是蕾切尔·卡逊在《寂静的春天》里描述的担忧。而现在的春天除了依然存在这种寂静的担忧之外，更多了几分喧嚣：伴随着春暖花开不期而至的，是地球表面几乎每个角落的人们都越来越频繁地体验到的沙尘暴。

"今天风和日丽。下午2时许，骤然狂风大作，飓风卷起沙石尘土，形成一堵约400米高的沙尘暴壁，自西向东扑来。瞬间天地一片漆黑，能见度降为零。沙尘暴壁由下往上呈黑、红、黄三层，每层有球状尘团剧烈翻滚，发出沉闷的轰鸣，一两千米之外可闻……"

这可不是原子弹爆炸的景象！而是摘自一位气象工作者的值班记录，是1993年"5·5黑风暴"纪实。这场特大沙尘暴于5月4日从新疆西部边境发生，径直袭击金昌、武威、古浪、景泰、中卫……横扫中国西部，然后横亘华北大地和东部沿海，远飙朝鲜半岛和日本。这次黑风暴在进袭新

青海格尔木的沙尘暴滚滚袭来（熊友才提供）

> **小贴士**
>
> 沙尘暴（Sand-duststorm）是沙暴和尘暴两者的总称，是指强风把地面大量沙尘卷入空中，使空气混浊，水平能见度低于1 000米的天气现象（钱正安，2002）。沙尘暴天气是在特定的地理环境和下垫面条件下，由特定的大尺度环流背景和各种不同尺度的天气系统叠加所诱发的一种概率小、危害大的灾害性天气（王式功，2000）。

疆、甘肃、内蒙古和宁夏时,风速达25~34米/秒,风力达8~12级,沙尘暴壁高达500~700米,宛若原子弹爆炸后的蘑菇云,剧烈翻滚,飞沙走石,无论室内室外都伸手不见五指,狂风呼啸,仿佛天塌地陷,末日来临。共造成4省区的72个县120万人口受灾,数百人伤亡,数十万头牲畜被沙暴打死、活埋和失踪,大量农作物、果园、房屋及电力、通信、水利设施严重受损,古兰泰铁路、兰新铁路中断,约40列火车受阻,上万名旅客被困……直接经济损失达6亿元。

在全世界的许多地方,尤其在我国北方,沙尘暴已成为一种普遍的灾害天气,且发生的频率、强度和危害程度不断加剧。20世纪50年代至今造成重大损失的沙尘暴有70多次,其中50年代发生5次,60年代发生8次,70年代发生13次,80年代发生19次,90年代发生23次。2006年我国境内连续爆发17次沙尘暴。2000—2006年发生沙尘暴的次数比20世纪后50年间沙尘暴的总次数还多约50%!

在中原地带,只要起风,基本沙尘滚滚。郑州市以南100多千米的地方就是沙丘。安徽、山东的黄河故道,都是大沙源。山东聊城有三条黄河故道,都是沙化地带,只要有风,就看不见人、看不见村。直到现在,这种威胁并没有解除。

2010年的沙尘暴格外凶猛。3月19—22日,一场沙尘暴来袭,覆盖范围约282万平方千米,包括湖南、湖北、福建、江苏、浙江、安徽等南方地区总共16个省份约2.7亿人受侵扰。常德下起黄沙雾,长沙空气质量污染指数达到196。

"黄沙一日乘风起,漂洋过海几万里。"这场沙尘暴使得韩国首尔黄沙漫天,沙尘暴还"光顾"了从北海道到九州的日本全国大范围地区,造成奈良、大阪、神户、京都、四国、山阳等地区能见度低,神户机场6班飞机被迫停飞。北海道札幌市也观测到车辆上面附着的黄黄的沙尘,冲绳(琉球)也观测到了沙尘暴。

沙尘暴也袭击了我国台湾。全台有25个观测站空气中悬浮微粒浓度每立方米超过1 000微克;空气质量达到不良等级的观测站有19个,非常不良等级2个,有害等

2010年3月21日下午,罕见沙尘暴突袭福州城区,使整个市区弥漫在黄色烟雾中,能见度仅百余米(王东明摄)

小贴士

空气污染指数:我国目前采用的空气污染指数(API)分为5个等级:0空气质量为优;50空气质量良好;100空气质量轻度污染;200空气质量差,中度污染;300空气质量极差,严重污染。

> **小贴士**
>
> 沙尘暴的发生一般需要强劲的风力、丰富的沙尘源和不稳定的空气层结等条件。裸露地表富有松散、干燥的沙尘是沙尘暴形成的物质基础；足够强劲持久的风力和不稳定的空气层结是沙尘暴形成的必要气象动力和热力条件。

级23个。随着冷空气南下，中南部地区也受到影响。17时沙尘暴已到达云林、嘉义等地，台南以北地区空气中悬浮微粒浓度每立方米已超过500微克。

甚至，香港也同样遭受着这场沙尘暴的春天"洗礼"。

令人厌恶的沙尘暴是土地荒漠化带来的直接恶果。

从全球范围看，共有北美、澳洲、中亚以及中东地区等四大沙尘暴多发区，沙尘暴也有愈演愈烈之势。2009年澳大利亚遭遇沙尘暴极端天气70年罕见，造成巨大的经济损失，使当地人曾一度陷入极大的恐慌。

中国一位外交官曾提出：从大西洋到太平洋，从撒哈拉沙漠到华北荒漠，一条横贯非洲与亚洲的连续沙漠带已经形成。它从撒哈拉沙漠开始，穿过中东—阿拉伯沙漠到中亚—南亚—新疆沙漠，与陕西—内蒙古—华北地区那些潜在荒漠化地区连成一片，可能成为横穿欧亚大陆中线与北部非洲的一条超级沙漠地域。处于这样一条世界宽阔荒凉沙漠带上的中国特大城市——包括了北京、太原、兰州、西安以及乌鲁木齐，都可能难逃与开罗等撒哈拉沙漠超级城市一样的命运，变成一个个沙漠围城。

第二节　北京将成黄沙之都？

天安门广场：

大风不断地把沙推到广场上，铲车在推走不断涌来的沙尘，广播车在号召市民到广场扫沙，戴着口罩的市民在风中艰难地挪动……

北京街头：

居民们一双双焦渴的双眼，盯着拉水的消防车呼啸而过。

一辆消防车戛然停在居民的队伍前，队伍大乱，提着桶拿着盆子的人流蜂拥而上；

一队防暴警察跳下警车，挥舞着警棍驱散着人群……

老胡同四合院：

老北京依靠在门栏上，看着眼前的混乱，两行浑浊的老泪滚了下来。手里紧攥的报纸上面是血红的大字：号外：北京迁都！

……

现实中的北京某水库：

干涸的库底裂着巨大的缝隙，仿佛是地球衰老褶皱的皮肤，岸边倾斜着一艘豪华游艇，游艇上写着"富豪俱乐部"，船的周围已经长满了蒿草，一群光脊梁的孩子，刚爬上去，一群硕大的老鼠从船舱里钻出来，呲牙咧嘴地咆哮起来，受惊吓的孩子们四散逃走……

故宫屋檐的风铃还在风中摇曳，摇曳……

以上是作家晓光在电影剧本《大迁都》中描写的部分镜头。由于各种原因，这部警示性灾难大片至今未能拍摄。所以剧本中描述的这些镜头，并未呈现在人们的眼前。

可谁能保证这样的场面不会在现实生活中出现呢？

1979年，新华社记者一篇题为《风沙紧逼北京城》的报道，在全国引起很大震动。文章指出："风沙已经在紧逼北京，大有兵临城下之势。"现在，北京遭受沙尘暴的袭击越来越频繁。有人惊呼：终有一日北京将变成一座黄沙之都，完全被黄沙掩埋！

这有可能发生吗？

事实上，现在北京的春天，仿佛就是以沙尘暴做标志似的，总是要来上几场沙尘才能算过。可曾记得，2006年4月17日，北京曾遭遇严重的沙尘暴，当日落尘量30万吨以上！2010年3月份四年来最强浮尘再袭北京的时候，全城"沦陷"浮尘区，漫天都是黄沙，"睡觉靠近窗户都觉得吸到的全是沙子，呼吸困难"。

北京越来越频繁、越来越猛烈地遭受沙尘暴的袭击！

比沙尘暴"灭绝威力"更大、更厉害、更可怕的是盐碱尘暴。

盐碱尘暴不同于一般的沙尘暴，它含有密度很高很细的氯化物和硫酸盐等盐碱粉尘，是化学尘暴，迁移能力强，影响范围广，危害强度大，还可以作为气溶胶长期悬浮于大气中被搬运到数千千米以外的地方。只有盐碱尘暴才有超长距离漂浮的能力。内蒙古等地盐湖里的盐碱粉尘，能够在西北风作用下，上升到平流层，漂浮到北京、天津等地区。

2002年3月20日北京发生的特大沙尘暴就是盐碱尘暴，其浮尘中含有大量的氯化物——硫酸盐型盐渍土，这些成分恰恰与北京沙尘暴传输路径上内蒙古荒漠草原

第一章 家园失守

美国宇航局（NASA）公布的沙尘暴的卫星照片　　　　　天安门广场尘土飞扬图/CFP

上的盐土成分一样。2006年4月16日那一夜北京降落的30多万吨沙尘中，主要成分也是盐碱粉尘。

　　盐碱尘暴最可怕的不是它的远距离飘散，而是它对环境和生物的极大破坏性，以及引发的生态灾难。"盐碱尘暴所到之处，寸草不生，牧民圈养牲畜的铁丝网，在盐碱尘暴的腐蚀下，仅一年的工夫，就被锈蚀掉了。""滚动升空的白色盐碱粉尘，白茫茫一片，就像原子弹爆炸时的蘑菇云，遮天蔽日，一会儿工夫便天昏地暗，让人害怕得很。"亲历过盐碱尘暴的人这样描述着比沙尘暴更可怕的盐碱尘暴这只"怪兽"。

　　盐碱尘暴的爆发越来越频繁。往年3—5月是盐碱尘暴最厉害的季节。可是到了2008年，7、8、9月还刮盐碱尘暴呢！

　　北京的沙尘暴，源头在哪里？

　　亚洲沙尘暴的3个主要源区为：蒙古国南部的沙漠和戈壁、以塔克拉玛干沙漠为主体的中国西部高沙尘沙漠区、以巴丹吉林—腾格里—乌兰布和沙漠为主体构成

北京遭遇四年来最强浮尘袭击　新京报　　　　　　　汽车上落满沙尘

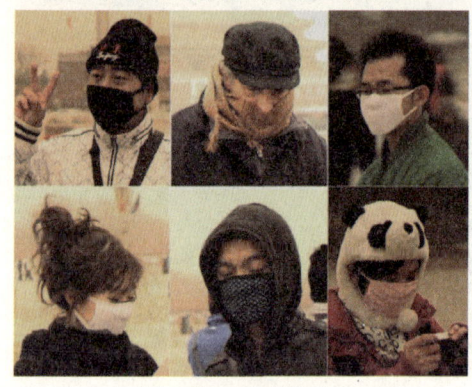

北京百姓全副武装抵御沙尘　　　　　　　　游客冒着沙尘在天安门广场游览（沈伯韩摄）

的中国北部高沙尘沙漠区。研究表明，中国国境之外的源区，"贡献"了亚洲沙尘释放总量的约40%。沙尘暴在中国的源区主要来自中国约170万平方千米的沙漠，它们是地质时期形成的，会在每年春季伴随着大风形成沙尘暴天气。

京津风沙源主要是周边的内蒙古、河北、山西等地。北京距离内蒙古沙漠800

> **小贴士**
>
> 　　侵袭我国的沙尘通道主要有三条：一是东路，起源于蒙古国东中部后南下，影响我国东北、内蒙古、河北、京津及以南地区；二是中路，起源于蒙古国中西部后向东南移动，影响我国内蒙古中西部、西北东部、华北中南部及以南地区；三是西路，起源于蒙古国西部或哈萨克斯坦东北部后向东南移动，影响新疆在内的西北、华北及以南地区。

千米左右，到达呼和浩特最慢的火车只需要12个小时，内蒙古沙漠里的沙尘暴吹到北京大约需要7小时。

中国政府一直重视京津风沙源的治理，多年前就开始部署实施京津风沙源治理工程。通过几年的治理，取得了明显的效果，工程区内植被覆盖率平均提高4~20个百分点，水土流失侵蚀度在减少，生态环境明显改善。但我们仍须警钟长鸣，加倍努力，方可拯救北京于黄沙掩埋之危。

荒漠化给人类带来的影响远不止此。它吞噬了人类许多伟大的文明。

第三节 被吞噬的人类文明

"文明人跨过地球表面，足迹所过之处留下一片荒漠。"

楼兰古国不堪回眸

据《史记·大宛列传》和《汉书·西域传》记载，早在2世纪以前的汉代，楼兰就是西域一个著名的"城廓之国"。它东通敦煌，西北到焉耆、尉犁，西南到若羌、且末。当时的楼兰国政通人和，经济繁荣，物产丰富，是"丝绸之路"上的一个繁华之邦。

楼兰古城曾经是人类生息繁衍的乐园。它身边有烟波浩渺的罗布泊，环绕着清澈的孔雀河，人们在碧波上泛舟捕鱼，在茂密的胡杨林里狩猎，享受着大自然的恩赐。但是好景不长。据郦道元《水经注》记载，东汉以后，由于当时塔里木河中游的注滨河改道，导致楼兰严重缺水。敦煌的索勒率兵1 000人来到楼兰，又召集鄯善、焉耆、龟兹三国兵士3 000人，不分昼夜横断注滨河，引水进入楼兰，缓解了楼

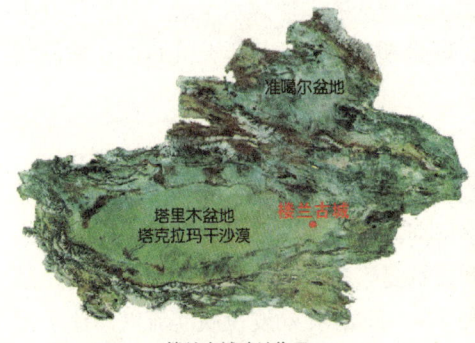

楼兰古城遗址位置

楼兰古城遗址

兰缺水困境。在此之后，尽管楼兰人为疏浚河道做出了最大限度的努力和尝试，但楼兰古城最终还是因断水而废弃了。如此繁盛的楼兰只兴旺了五六百年，从4世纪始便销声匿迹了。

楼兰甚至曾颁布过迄今为止发现的世界上最早的环境保护法律。是什么原因导致了当年丝绸之路的要冲——楼兰古城变成了人迹罕至的沙漠戈壁？专家认为，楼兰衰败于干旱、缺水、生态恶化。

丝绸之路沿线古文明衰亡

塔里木盆地的塔克拉玛干沙漠南部，曾是中国历史上最发达的地区之一。那里早在新石器时代就出现了灌溉农业。公元前2世纪张骞出使西域时，就曾看到不少沙漠中的城廓和农田。汉、唐时期，发展屯田，兴修水利。丝绸之路南道所经楼兰、且末、精绝、渠勒、于田、莎车等地均有很发达的农业。而今天，昔日的大片良田已沦为流沙，古城废墟历历在目，曾经浩瀚的罗布泊已经干涸，楼兰绿洲已沦为不毛之地，丝绸之路沿线古文明已湮灭于荒漠的吞噬下。

丝绸之路沿线古文明的消失，固然与干旱等自然因素有关，但土地的过度开垦、生物资源和水资源的不合理利用、天然植被的破坏以及频繁的战争等人为因素，加剧了土地盐渍化、水资源的耗竭和环境退化，这是导致丝绸之路沿线古文明消失的主要原因。

朔方古郡被黄沙掩埋

3 000多年前，西伯侯姬昌派大将南仲北驱逐猃狁，依河套平原建立了朔方古城堡。公元前215年，秦始皇在此又设立了九原郡。到了公元前127年，一代枭雄汉武大帝在现在的内蒙古自治区鄂尔多斯市杭锦旗沙日召地区再建朔方古城，与匈奴对抗。遥想当年，这里也应该是水草丰美、土地肥沃的一块风水宝地。几千年过去了，不仅那段历史被尘封于岁月的长河中，就是朔方古城堡也于公元1100年被湮没在漫漫的黄沙之下，神秘地消失了。

巴比伦文明彻底衰落

公元前3500年，苏美尔人在两河（底格里斯河和幼发拉底河）流域的下游，即美索不达米亚（现今的伊拉克）建立了城邦，这是人类文明的发源地之一。约在公元前3000年，苏美尔人在世界上最早使用文字的同时，在幼发拉底河流域修建了大量的灌溉工程，不仅浇灌了土地，而且防止了洪水，提高了土地生产力，使数百万人从土地上解放出来，去从事工业、贸易或文化活动，他们创造了灿烂的古代文化——巴比伦文明。

然而，经过1 500多年的繁荣后，到公元前4世纪，辉煌的古巴比伦文明却衰落了。如今在当年古巴比伦城池的废墟上，已是满目荒凉，除了沙漠和盐渍化土地，再也找不到当年古文明的恢弘气势。巴比伦文明从人类利用水——灌溉开始，以不合理的灌溉所造成的土地盐渍化和灌溉渠道淤积的严重后果而告终。

玛雅文明神秘消失

中美洲低地丛林的玛雅文明最早出现于公元前2500年，其后到公元前450年，人口一直在稳定地增长，聚居地的面积和建筑结构的复杂度也越来越大。这是一个高度文明的社会，其文明的成就反映在他们对宇宙的认识程度，城市、建筑的艺术设计和独特深奥的玛雅文字等方面。这样一个伟大的文明后来却突然消失了。第一个鼎盛时期的玛雅文明大约在公元900年时神秘消失；第二个鼎盛时期出现于两个世纪以后，在原址以北250千米，也在15、16世纪前后突然消失了。

据专家推测，玛雅文明消失的原因主要归于类似"刀耕火种"的耕作制度。玛雅人在旱季用石斧清除一片林地，在雨季来临之前用火烧，然后种植玉米和大豆等作物。但热带雨林地区的土壤流失非常严重，尽管玛雅人后来也采取了保持水土的措施，然而农业用地、木材及燃料的需求增加，使森林消失不可避免，土壤也就随之流失。加之土壤有机肥补充不足，环境及资源恶化直接导致农业生产力下降。公元800年开始，粮食短缺和战争频仍导致的高死亡率使人口锐减，城市逐渐变成废墟，一个高度发达的文明就此毁灭了。

撒哈拉文明也曾辉煌

撒哈拉沙漠位于阿特拉斯山脉和地中海（约北纬35°线）以南，约北纬14°线以北，西起大西洋海岸，东到红海之滨，横贯非洲大陆北部，东西长达5 600千米，南北宽约1 600千米，总面积约906.5万平方千米，约占非洲总面积的32%。"撒哈拉"是当地游牧民族图阿雷格人语言中的词汇，就是"沙漠"的意思。这块沙漠大约形成于250万年以前。

大量的考古证据表明，距今1万年至4 000年间，这里曾是雨量充沛、河川涌流、溪涧潺潺、草木繁茂的千里沃野，是充满生机的绿洲。这里曾有人类定居，并为后人留下了珍贵的石刻和岩画，以生动写实的风格，描绘了5 000年前撒哈拉水草丰美的草原环境。

后来，滋润这块沃土的"季风雨"发生了历史性的变迁，原有的水气平衡遭到无情的破坏，而人类烧荒毁林、过度放牧等自毁家园的行为，最终导致撒哈拉成为满目凄凉的现今世界最大的沙漠。现在，沙漠仍像死神一样以每年6千米的速度吞噬着中非的沃土，那里的人们依旧延续着传统的生产和生活方式，破坏着生态环境中的水资源平衡，无节制地消耗森林、过度放牧，他们似乎仍未意识到，他们在继续撒哈拉的悲剧。

第四节　敦煌正在变成第二个楼兰？

近年来，享誉海内外的国家历史文化名城敦煌，这颗古丝绸之路上的璀璨明珠，正在经历着一场生态浩劫，水资源严重短缺、湿地萎缩、植被锐减、土壤沙化。有人惊呼：敦煌正在变成第二个楼兰！

敦煌地处库姆塔格沙漠东北边缘，四周被沙漠戈壁包围。敦煌属大陆干旱草原气候，年降水量39.9毫米，蒸发量为2 486毫米。唯一地表径流是发源于祁连山冰川的党河。随着全球气候变暖，整个祁连山地的雪线逐年升高，冰川大幅度退缩（有些地区退缩速度达每年16米以上），造成党河径流量逐年减少。加之上游修建水库，导致下游相继断流，水资源严重短缺。敦煌全市总人口18万人，其中农业人口9.3万人，农业不合理灌溉浪费大量的水资源。此外，每年来敦煌旅游的流动人口超过140万人次，加大了生产、生活用水的消耗，水的缺口越来越大。地表水源不足，人们便盲目打井开采地下水，井越打越多、越打越深。地下水开采过量，而补

春风不渡的玉门关遗址（熊友才摄）　　　　　　岌岌可危的绿洲敦煌（熊友才摄）

让敦煌美丽永远，让绿洲常绿人间，是我们共同的心愿（熊定国摄）

给严重不足，地下水位以惊人的速度下降（平均每年0.3~0.4米）。距今已有1.2万年历史的举世闻名的月牙泉，20世纪60年代初水域面积22亩，最大水深7.5米，目前水域面积8.5亩，水深不足1米。

与水资源短缺相伴相生的是敦煌生态环境的日益恶化，自然灾害日益频繁，特别是大风及沙尘暴的强度不断增大。敦煌年均出现八级以上大风20余次，累计日数为15.4天，强烈的风沙和浮尘天气的增多也使莫高窟壁画受到严重威胁，导致壁画褪色、变色、龟裂、剥落，相当数量的窟顶被剥蚀，甚至有引起崖体坍塌的危险。

水资源短缺还导致湿地急剧萎缩。敦煌境内的湿地是我国西部极干旱荒漠区重要的湿地之一，是内陆干旱地区的典型湿地类型。湿地和绿洲是以水资源为纽带形成的有机统一体，两者相依相存。敦煌的湿地正在以平均每年2万亩的速度消失，绿洲内的1万余亩咸水湖和1 000余亩淡水湖80%已不复存在。敦煌全市天然林仅存130多万亩，胡杨林仅存14万亩，较之新中国成立初期分别减少40%和67%。可利用草场减少了77%，且不同程度地发生沙化和盐碱化。野生动物种群和数量明显减少，原有的猴、豹等8种野生动物现已绝迹，野骆驼仅存40余峰，濒临灭绝，国家二级保护动物鹅喉羚已由20世纪60年代每平方千米1~3只减少到现在的0.1~0.5只。

当绿洲失去湿地、植被等天然生态屏障，风沙袭来，土地荒漠化会更趋严重。自1994年以来，敦煌绿洲区外围沙化面积急剧增加，平均每年增加近2万亩，库姆塔格沙漠向前推进3~4米,直逼敦煌。有专家警告说,如果不能从根本上解决用水问题,敦煌成为第二个楼兰的说法并非危言耸听!果真那样,不仅世界文化遗产莫高窟和月牙泉将不复存在,酒泉市也将唇亡齿寒,河西走廊乃至整个西北地区的生态都将受到严重影响。

保护敦煌的生态环境已迫在眉睫、刻不容缓!

敦煌生态危机,引起党中央、国务院的高度重视。温家宝总理多次疾呼:"救救敦煌!"水利部和甘肃省共同组织开展了《敦煌水资源合理利用与生态保护规划研究》,提出引水—增水—节水工程与技术措施相结合,以水资源的承载力为依据确定经济发展规划,控制人口增长,调整产业结构,大力发展生态旅游;充分利用当地风热资源,提高风能、太阳能利用率,减少人们对湿地、植被的袭扰;同时要加大农田防护林、退耕还林、湿地保育、沙漠化治理的投入力度。我们有理由相信,通过科学治理,月牙泉能常清,敦煌绿洲能常绿,"决不让敦煌成为第二个楼兰"就不会成为一句空话!

第五节 中华水塔存忧患

素有"中华水塔"之称的三江源,就是地处青藏高原腹地的长江、黄河及澜沧江源头组成的三江源区,总面积约为36万平方千米。据统计,黄河49%、长江26%、澜沧江16%的水量从三江源地区流出,大量清澈纯洁的源头活水,哺育着中国半数以上的人口,支撑着江河流域的经济社会发展,对生态安全及国民经济发展起着重要作用,是我国水资源的生命线。

历史上,这里雪山连绵、冰川纵横,草原广阔、湖泊棋布。然而,自20世纪下半叶以来,三江源区的生态环境日益恶化:雪线上升,冰川萎缩,沙漠扩大,干旱严重,水源枯竭,水土流失加剧,草原退化,森林植被质量下降,生物种类和数量锐减,湿地生态系统破坏和水源涵养能力急剧降低,旱涝灾害频繁,生态难民逐年增加。

三江源地区正面临前所未有的生态灾难,致使中华水塔显存忧患!

水之患!

冰川在退缩。2010年盛夏到初冬,独立自然科学家杨勇又一次走遍了青藏高原亚洲6大河源的冰川水系。在杰马央宗冰川,他看到冰川已经隐退至喜马拉雅山脉

第一章 家园失守

> **小贴士**
>
> 地球陆地11%为冰川覆盖，4/5的淡水资源储存于冰川之中，青藏高原是地球上山地冰川发育最好的地区，共有冰川46 377条，冰川面积59 425平方千米，冰储量（体积）5 600立方千米，折合水储量约5.04万亿立方千米。三江源区冰川基本属于亚大陆性冰川，冰川水文物质动态水平较低，但这里的冰川却是三江源区河流水量的重要来源，约占源区河流来水的70%以上。

冰川后退残留下的冰塔（杨勇摄）

的山谷中，比较1998年，冰川前沿冰舌陡坎已经变成斜坡，并在前端形成了一个大冰湖，12年间约后退了近400米。长江源格拉丹东地区1969—2000年冰川总面积减少了1.7%，1991—2004年冰川退缩了750米，雪线已升至5 800米以上。而黄河源阿尼玛卿山地区冰川面积减少率是长江源区的10倍。冰川萎缩使雨雪补给逐年减少。

新疆天山1号冰川20多年来的退缩已使冰川尾部分离，各自向沟谷深处退缩（杨勇摄）

楚马尔河源头沙漠化快速扩展，沙漠已侵袭到河床，源流从沙漠里流出，源区水系出现季节性断流（杨勇摄）

沙漠中干涸的河床（杨勇摄）

楚玛尔河源头的血管状源流和正在退缩的湖泊群（杨勇摄）

第一章 家园失守

长江源冰川的加剧退缩可能会导致"中华水塔"的坍塌，改变江源水系的分布格局，甚至失去源区河流水源的补给条件，使源区自然环境演变向时令河—内流河—沙化—荒漠化过程发展，最终形成与可可西里荒漠区、塔克拉玛干大沙漠、罗布泊荒漠戈壁相连的干旱荒漠区。

> **小贴士**
>
> 中国已成为全球13个最严重缺水的国家之一，人均水资源占有量仅为世界平均值的1/8。中国600多座城市中，400多座供水不足，其中100多座城市严重缺水。

事实上，近20年来，三江源区许多河流干涸或断流，众多湖泊萎缩甚至消失，湖水咸化、内流化和盐碱化，地下水位下降。长江源区面积600平方千米的赤布张湖解体萎缩成4个串珠状湖泊，湖水呈现咸化；西金乌兰湖（300平方千米）现已分离为5个小湖泊，面积缩小2/3；雀莫错湖面积减少了1/2；苟鲁错湖已变成一个干盐湖；黄河正源的星宿海已经名不符实，过去星罗棋布的美丽的湖泊风景，现在已经变成干涸的湖底、荒芜的戈壁。

严重的水荒开始显现。黄河曾经"咆哮万里触龙门"的气势早已不再，留下的仅仅是支流的枯竭、水量的减少。1972年4月23日，山东境内的黄河竟然断流！

长江源头第一县——曲麻莱，城内城外的人主要是靠买水维持生活。长江源头出现了"住在源头没（买）水喝"的处境。多么可悲可叹！

水是生命之源。长江源"固体水库"正在消融，"生命之源"正在消失！如果母亲河不再供给育人生命的乳汁，那么这跟某一天清晨你醒来时猛然发现太阳没有按时升起一样触目惊心，让人失去希望，失去梦想！缺少了水的三江源还能成为中华之水塔吗？缺少了水的三江源居民还能继续守护在祖祖辈辈世代繁衍的三江源吗？

黄河两岸打水的人们（杨勇摄）　　坚守缺水的家园（杨勇摄）

地之患！

"灿烂的阳光，七色的彩虹，让草原万紫千红……"

民歌中万紫千红的草原现在已是千疮百孔，哺乳着牛羊和人群的草原失去了昔日的光泽——她那绿油油的皮肤中掺杂了粗糙黝黑的黑土滩和荒漠沙丘。相关资料显示，三江源地区的草地已经有50%~60%出现了不同程度的退化，退化草地面积达3.75亿亩，其中重度退化草地面积5 615.10万亩，中度退化草地面积1.31亿亩。草地在质量和数量上的退化，让三江源地区的居民不得不面临失去以前美好的赖以生存的广阔草原的生活困境。

三江源区分布着大面积的沼泽湿地，但格拉丹冬东坡和北坡山前地带已有大片沼泽因失水而枯竭，草甸退化而露出底部的沙石，沼泽中的水网已停止流动而成为死水潭，草甸中出现斑秃块状沙地。

更令人担忧的是，三江源荒漠化加剧，沙漠征兆凸显。出现在中国古时繁荣的丝绸之路和广大绿洲的沙漠，目前竟然正以前所未有的速度翻越昆仑山脉，越过可可西里向长江黄河源区蔓延！三江源区的地貌格局与塔克拉玛干大沙漠（塔里木盆地）有惊人的相似，其演变进程也有相似性。2010年杨勇发现，在长江源区楚玛尔

长江上游通天河正在加剧的沙漠化（杨勇摄）

河和沱沱河、通天河两岸以及黄河源区、雅砻江上游局部河洲平原和草原地带已出现数百平方千米的沙锥和沙丘链，广阔的草原逐渐成为荒漠裸地和雅丹地貌，不少地区成为绝牧之地而导致城镇搬迁，草场转移。而且沙化仍在加剧。

人之患？

"工业文明"已在三江源打下了深深的印记，在眼前利益的驱使下，一株株大树被砍倒，树木不再挺拔；一块块草地被摧残，小草不再发芽。数不尽的珍稀动植物被贪婪的人们不断采伐、不断捕杀，成为少数人获取利益的"捷径"，而日益便捷的交通也为这稀有动植物资源的交易提供了便利。

三江源区生态环境不断恶化，风灾、雷暴和冰雹、沙尘暴等灾害性天气经常出现。数以万计的"逐水草而居"的牧民沦为了生态难民。水源的枯竭、土地的退化给当地农牧业生产带来了巨大的困难，单纯的牧业已不能满足生活的需求，缺乏技能的他们又无路可走，加上天灾人祸，他们举步维艰。

苦思千百度，狂想入青冥，只为江河源头水一泓。心难静，耳畔常闻水淙淙。神难定，梦里依然雪纷纷。中华水塔在告急，文明之源在呐喊：还自然之本真，还人类之童年。

生态敏感区的煤矿开采（杨勇摄）

天府之国的生态屏障——龙门山中照样采矿

采金活动导致生态敏感地大面积沙化（杨勇摄）

近年来，青海省大力实施以保护生态环境、发展生态经济、培育生态文化为主要内容的"生态立省"战略。一方面增强高原生态环境的社会保护意识，另一方面求得对青海为保护生态所做贡献的认同，得到国家政策、资金的倾斜和进一步支持。国家发改委立项了"青海省三江源生态环境保护与建设工程"，从2006年开始施行，总投资75亿元。

最近获悉，"三江源"即将成为全国第一个国家保护生态实验区。同时中国首个"生态机制"补偿方案也正酝酿出台。如果方案通过，长江、黄河、澜沧江的下游省区将为源头省份支付"补偿费"。

这似乎是好消息。

这当然是个好消息。

但愿这个好消息能转化为有效保护"中华水塔"的实际行动和成效！

第六节　干涸的岂止湖泊

荒漠化每年导致地球上数千个湖泊干涸。

罗布泊干涸了！

罗布泊曾经是我国西北干旱地区最大的湖泊，湖面曾达1.2万平方千米，20世纪初仍达500平方千米，但至1972年，却最终干涸。

是什么原因导致了曾经水丰鱼肥的罗布泊变成茫茫沙漠？

这里面既有全球气候旱化的大背景，也有青藏高原隆起等地域因素，而人类过度开发是加速罗布泊消亡的主要原因。当年楼兰人在罗布泊边筑造楼兰古城，砍伐掉许多树木和芦苇，加之人类活动的加剧以及水系的变化和战争的破坏，使原本脆弱的生态环境进一步恶化。罗布泊的最终干涸，则是由于1949年以后在塔里木河上游大量引水，致使下游出现断流，罗布泊也由于没有来水补给，便开始迅速萎缩，终至消亡。

民勤青土湖干涸了！

青土湖是《尚书·禹贡》记载的民勤绿洲内11个大湖中最大的一个淡水湖泊，面积至少在1.6万平方千米，最大水深超过60米。20世纪四五十年代之交青土湖的水域面积还有100多平方千米。据记载，那里曾经烟波浩渺、碧波粼粼、水天一色，是一块水草丰美、鸟飞鱼跃的风水宝地。曾有大禹治水到青土湖才大功告成的传说。后因绿洲内地表水急剧减少，地下水位大幅下降，于1957年前后完全干涸沙化，腾格里和巴丹吉林两大沙漠在此交会。资料显示，包括青土湖在内的民勤绿洲，近年来沙化土地每年以2.3%的速度增加，每年有7 000亩土地沦为沙漠，严重威胁着当地的人居环境、工农业生产和交通，造成了无法估量的损失。

一位民勤的诗人曾在一首诗里假历史老人之口这样警示人们：

别忘了，

三千年前这里还是一片古海，

三百年前这里还是波光粼粼，

三十年前这里仍有鸭塘柳林，

而三十年后，

三十年后的今天。

你们却只落得，

一片荒漠，

一道秃岭，

一双呆痴的目光，

两片干裂的嘴唇。

致使青土湖消亡的最主要原因，就是红崖山水库的修建。补水遭到了毁灭性的破坏，也破坏了当地的地下水系，导致了这一地区的沙漠化。发源于祁连山北部的石羊河是民勤境内唯一的地表径流，随着气候的变化和上中游用水加剧，近年来水量以超过1 500万立方米的速度逐年减少，最终断流。就连1958年在"修"与"不修"的激烈争论中强行修建的红崖山水库，仅仅过了40多年，也终因石羊河断流而彻底干涸，库底朝天。

查干诺尔湖干涸了！

查干诺尔湖曾是内蒙古锡林郭勒盟最大的湖泊，位于浑善达克沙地北缘与锡林郭勒草原交界之处，北京以北约600千米。查干诺尔湖由80平方千米的咸水湖和30平方千米的淡水湖两个湖组成。2002年干涸的正是大咸水湖。80平方千米的查干诺尔干湖盆到处都是白茫茫的盐碱粉尘，厚度有5~10厘米，有的地方达到20厘米，就像堆积的白雪一样！人在湖盆里一走，膝盖以下的裤子都会被染白。当风力达到5~6级时，干涸盐湖的盆区上空会形成一片白色的盐碱烟雾；风力达7~8级时，盐碱和沙尘的混合即形成盐碱尘暴。

在查干诺尔等干涸盐湖的下风方，大片草原被污染，植物枯萎死亡，草场退化。这些被污染而退化的草场，在大风侵蚀下，表面植被迅速消失，表层土壤被强风剥离后，出现了类似戈壁的地貌特征。

安固里诺尔湖干涸了！

安固里诺尔湖位于河北张北县坝上，距离北京只有200千米，是一个咸水湖。2004年冬彻底干涸，60多平方千米的湖盆，同样覆盖着厚厚的盐碱粉尘。据专家估算，每年有20万吨盐碱粉尘被大风刮到下风方——京津地区。当地农民反映，安固里诺尔湖干涸的第二年，粮食产量就下降了50%以上，亩产由100多千克下降到50千克。

除了查干诺尔、安固里诺尔，在我国西部，大约有10万平方千米的咸水湖，其中大部分变成了干涸盐湖，这些干涸盐湖产生了不可计数的盐碱，每年被大风卷起的盐碱粉尘、沙尘多达1亿吨。

2005年，河北省张北县20多个湖泊相继干涸……

香格里拉纳帕海冬季干涸（杨勇摄）

因修建水电站干涸的河床（杨勇摄）

中国找水考察队进入干旱区（杨勇摄）

极其耐旱的胡杨林，照样干死啦！（杨勇摄）

干旱导致家园消失（杨勇摄）

干涸的又岂止是湖泊！

截至2005年底，新疆、山西、东北、三江平原等地的湿地面积在过去50年间锐减了一半以上……

2006年夏季重庆市和四川省发生了100年一遇的严重干旱；西北连年大旱；2010—2011年冬春之交，西南发生特大干旱，云南、广西、贵州、四川、重庆五个省区市因持续高温少雨天气，遭遇百年一遇旱情，范围之广、损失之大、影响之深远，前所未有。就在本书接近完稿的2011年年末，一场干旱正在发生，北京百日无雨，山东局部更是200年一遇。

这些自然灾害的发生，难道不是大自然对人类肆意破坏的报复？！

第七节　大动脉仍在流血

水土流失是土地荒漠化的重要类型之一。

20世纪80年代，国内发表了一篇名为《流血的大动脉》的报告文学，把长江流域严重的水土流失形象地比喻为"大动脉流血"，呼吁全社会重视水土流失的防治。曾经引起轰动。30年后的今年6月，当一位国际友人看着挟裹着大量泥沙滚滚东去的长江时，形象地说："长江流的不是泥沙，而是中华民族的血液；不是毛细血管出血，而是大动脉破裂。"

可见，30年过去，情况并没有多大改观。

严酷的现实——全国646个县水土流失严重。最近50年来，中国因水土流失损失耕地5 000多万亩，平均每年100万亩。50年后，东北黑土区1 400万亩耕地的黑土层将流失掉，中国的"北大仓"粮食产量将降低40%左右；35年后，西南岩溶地区石漠化面积将翻一番，将有近1亿人失去赖以生存和发展的土地。按照水土流失面积占国土面积的比例及流失强度综合判定，中国现有严重水土流失的县达646个。

中国水土流失已不局限于人们通常会想到的西北黄土高原等地区，山清水秀的南方红壤丘陵区同样是水土流失的重灾区，严重程度不亚于黄土高原。不仅广泛发生在农村地区，而且也发生在城镇和工矿区，几乎每个流域、每个省份都有。全国年均土壤侵蚀总量45.2亿吨，主要江河的多年平均土壤侵蚀模数为3 400多吨/（平方千米·年），部分区域侵蚀模数甚至超过3万吨/（平方千米·年），侵蚀强度远高于土壤容许流失量，比印度、日本、美国、澳大利亚等土壤侵蚀较严重的国家更为严重。

深远的影响——贫困与水土流失恶性循环。水土流失给中国带来了严重的经济损失，专家以2000年的数据分析认为，水土流失给国家带来的经济损失至少在2 000亿元以上，相当于当年全国GDP的2.24%。

具体而言，水土流失的危害主要体现在四个方面：一是导致土地退化，毁坏耕地，威胁粮食安全；二是导致江河湖库淤积，加剧洪涝灾害，对中国防洪安全构成巨大威胁；三是恶化生存环境，加剧贫困，成为制约山丘区经济社会发展的重要因素；四是削弱生态系统的调节功能，加重旱灾损失和面源污染，对中国生态安全和饮水安全构成严重威胁。全国现有重要饮用水源区中，作为城市水源地的湖库95%以上处于水土流失严重区。

值得注意的是，贫困与水土流失正呈现出互为因果、相互影响的关系。中国76%的贫困县和74%的贫困人口生活在水土流失区。多数革命老区水土流失严重，群众生活困难。赣南15个老区县中，水土流失严重县有10个；陕北老区县27个，全部为水土流失严重县；太行山45个老区县中，水土流失严重县有33个。同时，中国西南、西北许多少数民族地区也多为水土流失严重区。贵州省铜仁地区和黔西南布依族苗族自治州11个民族县，全部为水土流失严重县；云南省楚雄彝族自治州10个民族县中，水土流失严重县有7个，文山壮族苗族自治州8个民族县中，5个为水土流失严重县；宁夏南部山区8个回族为主的县，全部为水土流失严重县；甘肃省临夏回族自治州8个民族县，全部为水土流失严重县。目前中国还有不少水土流失区已成光山秃岭，不宜居住和生活。

在经济发展中，贫穷和水土流失往往恶性循环，经济最贫困地区也是水土流失

水土流失形成的土林景观（杨勇摄）

梅里雪山下澜沧江边人为造成的水土流失（杨勇摄）

不合理的采矿和过度开垦造成水土流失（杨勇摄）

最严重地区。有关领导表示，在贫困地区，水土保持投入严重不足，防治速度缓慢。例如造成全国水土流失总量约1/3的坡耕地，在贫困地区居多数。由于水土保持投入严重不足，当地民众为了生存发展，走上一条越垦越贫、越贫越垦的恶性循环之路。

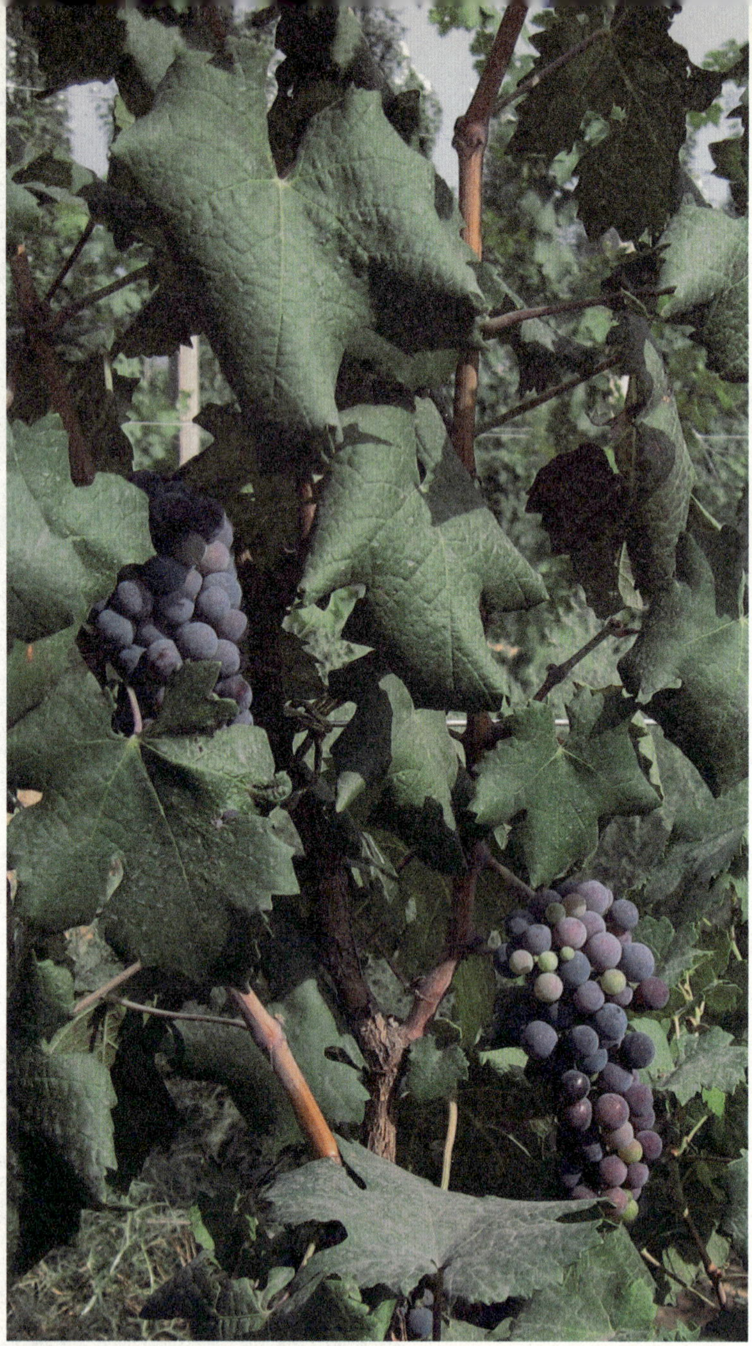

第二章
谁来埋单

荒漠化是各种复杂的自然、生物、政治、社会、文化和经济因素相互作用的结果。

——联合国《防治荒漠化公约》

造成土地荒漠化的原因是多方面的。既有自然因素，又有人为因素。自然因素包括地球独特的地理条件、气候、地形、地貌、土壤等因素。人为的因素包括过度开垦、过度放牧、过度樵采、不合理地利用水资源等，都是导致和加剧荒漠化的罪魁祸首。

那么，谁来为治理荒漠化埋单呢？

谁应该埋单？——人类！

谁能够埋单？！——大自然！

第一节 用自然之力恢复自然

"千年的草籽，万年的鱼籽。"只要有雨水，沙漠里便会长出茵茵绿草；只要有积水，泡子里就会鱼儿成群。

还记得小时候生长的南方山区，在那特殊的岁月，因"大炼钢铁"砍光了树木，就连茅草都因薪柴的需求被"剃"得精光。但经过多年的封山育林，居然就恢复了"绿水青山"的原貌，甚至长成了茂密的树林！以前难得一见的野生动物又栖息其间，恢复了原有的生态系统。

大自然具有自我修复生态的功能。问题在于，大自然的这种功能长期被人类所压制，甚至摧毁。以造林为例，在以干旱半干旱区为主的地区，是不适宜大面积森林分布的，干旱区的一些树木长成半死不活的"小老头树"就是很好的证明。树木不能成活，抛开延误宝贵的恢复时间不说，残留下来的树坑反而成了人为的风蚀坑，进一步加速了土地荒漠化。

过多的牲畜也会压制自然力。牧区改革之初，牧民们认为要想致富就得多养牲畜，这样就造成牲畜的数量飞速增长。牧民的腰包一时鼓起来了，政府看到这个"大好形势"，拼命鼓励牧民多养牲畜。曾几何时，草原牧区催生出好多牲畜过几百万头、过千万头的旗县，涌现出很多劳动模范和致富能手。但好景不长。原来草原是需要休养生息的，最好是年际间"轮休"，或者至少在年内季节间"轮休"。可众多的牲畜不可能给草原这个机会，加上政府、部队、农场等纷纷与牧民争夺草原资源，他们的牲畜也拥挤到了草原上。于是，草原出现退化。慢慢地，碧绿的草原变成了戈壁沙漠。要知道，干旱区半干旱区适合植物生长的季节只有内地的1/3~1/4，如果这个生长季节不能保证，长期下来土地荒漠化是不可避免的。

中国科学院植物研究所的蒋高明研究员带领科研小组，通过连续5年的实验，充分证明了自然力在土地荒漠化防治中有着巨大的作用。他们在内蒙古浑善达克沙地的正蓝旗巴音胡舒嘎查，采取"以地养地"的模式减少人和牲畜的压力后，在第一年，滩地上的草本植物就实现了全面恢复——植被覆盖度为100%，草层高度当年达80厘米以上，产草量每亩410千克（鲜重，下同）；第二年的效果更加惊人，草层高度达1.43米，产草量每亩达2 650千克，自然萌发的榆树苗每平方米达321棵；第三年生长最高的赖草高达1.83米，产草量超过每亩3 250千克。据当地牧民说，这里的生态已经全面恢复到20世纪60年代的水平，从此结束了嘎查冬季买草的历史。

遏制土地荒漠化要尊重生态规律，应当充分发挥自然界固有的自愈能力，解放自然力。蒋高明建议，将生态保护任务重、不适宜人居住地区的人口逐步向小城镇、中等城市转移，留出大量的空间给自然界，让其自然修复，然后在修复好的土地上建立自然保护区，这样便能留得青山常在、绿水常青、天空碧蓝。

第二节 人类自食其果

恩格斯说过,人类征服自然所取得的每一次成功,都会受到大自然相应的报复!

人的不合理行为是造成和加剧土地荒漠化的根本原因。

滥垦。人类为获得更多农田,对森林、草场、湿地等大肆进行破坏性开垦,甚至盲目开垦陡坡地,造成严重的水土流失。如小于5度的坡耕地,每年每公顷表土流失量为15吨左右;而25度的坡耕地,每年每公顷表土流失量可达120~150吨。在固定沙地及草地上开垦的耕地很快就会有近一半面积变成流动和半固定沙地。

滥牧。人类不顾草场的重负,在草原上过度放牧。如我国三北荒漠化地区1994年有各种牲畜8 142万头,合16 063万羊单位,比50年代增加了一倍。每个羊单位需草牧场0.66公顷,超载严重(该地区理论承载极限1~2公顷以上)。

滥采。人类在草原等生态脆弱地区乱挖滥采药材和野菜,加快了荒漠化进程。这尤其是局部地区土地荒漠化、沙化扩展的重要成因。

滥伐。在人类发展的初期,地球上1/2以上的陆地披着绿装。从1万年前的新石器时代,人类发展粗放畜牧和进行刀耕火种时起,森林便遭到了巨大的破坏。以后更是变本加厉,日益严重。尤其是近100年的时间里,世界森林面积缩减的速度大大加快,由此造成水土流失加剧,风沙肆虐,气候失调,旱涝灾害频繁,农作物减产,水源涵养地带遭到破坏。

森林赐予人类生生不息的生命,不仅为人类提供了物质的满足,更是我们心灵的栖息地和文化的来源。当工业化和城市化的车轮滚滚向前不可抵挡的时候,森林

陡坡耕作导致森林植被破坏和地表破碎(杨勇摄)　　你可能挖到了"财富",可你同时毁掉了自己的家园

> **小贴士**
>
> 森林涵养水源的功能较强。据测算，林地和非林地相比，每亩可多蓄水20立方米，10万亩森林蓄积的水，与一个库容量为200万立方米的中小型水库可蓄积的水相当。此外，森林还是水分的"调度员"。在雨季，森林能使洪水径流分散，滞缓洪峰的出现；在枯水季节，森林则可维持河水的正常流量。大面积的森林还可以改变太阳辐射和空气的流通状况。1公顷森林一年能蒸腾8 000立方米水，使周边地区空气湿润，起到湿润环境的作用。在森林里，巨大的树冠和树身阻挡了大风，降低了风速，能有效地防止沙尘的扬起和运动。

母亲却以一个被侮辱和被损害的形象脆弱地等待着死亡。这样下去，终有一天，我们会站在无涯的废墟和荒原之上，凝视着没有绿色的世界，思考自己究竟缺少了什么。而森林将成为一个有名而无实的名词，只存在于纸上，不会留在心里。哦，等等！等那一天到来的时候，我们还存在吗？人类难道不是已经变成字面意义上的尘

怒江峡谷中的储木场（杨勇摄）

森林被采伐后留下了什么？（杨勇摄）

被剃成光头的白茫雪山（杨勇摄）

树木砍光了，山茅草也不放过（杨勇摄）

埃了吗？

滥用。人类滥采滥用水资源，造成土地的盐渍化。一些地区由于大规模开采地下水，造成地下水位急剧下降，导致大片沙生植被干枯死亡，沙丘活化。在我国，"穷水富用、富水滥用"的现象十分普遍。在世界各地，被称为"地球之肾"的湿地、泥潭沼泽屡屡遭到破坏……

"如果继续这样下去，那么人类拥有的最后一滴水将是自己的眼泪！"

这"五滥"背后的深层原因，则是人口的爆炸式增长对地球资源和环境造成的巨大压力以及由此而导致的贫穷与落后。联合国2009年4月发布的人口趋势预测，2050年全球人口将达到92亿。我国的"三北"荒漠化地区人口密度，从20世纪50年代的10人/平方千米增加到现在的24~26人/平方千米，超过土地理论承载极限（8~12人/平方千米）。据《联合国防治荒漠化公约》秘书处估计，目前全球2/3的饥饿人口居住在发展中国家的农村地区，其中一半生活在荒漠化地区。

为了生存，他们不得不滥垦、滥牧、滥采、滥伐、滥用（水资源）。再加上管理的缺失和文化的影响，人和自然的主次关系扭曲，必然造成人与生态的冲突。生产性的破坏就成为必然。因此有人说，土地荒漠化是人类文明的"副"产品。

而且，荒漠化与贫困密不可分，简直就是一对"孪生兄弟"。非洲有句民谚："贫瘠的土地产生贫困的人群；贫困的人群在制造贫瘠的土地。"

人类社会只有重视防治荒漠化，才能更好地迎接其他挑

这哪里像是学校啊（杨勇摄）

荒漠化地区的绝对贫困人家（杨勇摄）

战。值得庆幸的是，全世界有责任心的人们在行动，共同承担治理荒漠化的责任。

第三节　全球在行动

联合国在推动全球防治荒漠化工作的进展方面发挥了重要的作用。

早在1975年，联合国大会就通过决议，呼吁全世界"向荒漠化进行斗争"。1977年联合国在肯尼亚首都内罗毕召开世界荒漠化问题会议，首次正式提出土地荒漠化是当今世界上最严重的环境问题，同时提出了全球防治荒漠化的行动纲领。1992年6月，在巴西里约环境与发展大会上，荒漠化被列为国际社会优先采取行动的领域。1994年6月17日在法国巴黎通过了《联合国防治荒漠化公约》，并于1996年12月26日生效。其宗旨是在发生严重干旱和（或）荒漠化的国家，尤其是在非洲，防治荒漠化，缓解干旱影响，以期协助受影响的国家和地区实现可持续发展。公约的资金机制主要包括全球机制和全球环境基金两部分。总部常设秘书处设在德国波恩。这部迄今为止唯一得到国际社会法定认可的向退化土地宣战的法律文书，已得到全世界各个国家的广泛认同。截至2005年4月26日，已有191个国家批准或加入公约。十几年来，它的存在为在世界范围内根除贫困、促进可持续发展及推进联合国千年发展目标发挥了不可替代的重要作用。中国作为首批签署和批准《联合国防治荒漠化公约》的国家，自公约谈判之日起就积极参与和促进履约实施工作，并制定了《中国防治荒漠化国家行动方案》。

为了纪念"6·17"这个国际社会对防治荒漠化公约达成共识的日子，1994年12月19日联合国大会通过了49/115号决议，宣布6月17日为世界防治荒漠化和干旱日，从1995年开始纪念。这个世界日的确定意味着人类共同行动同荒漠化抗争从此揭开了新的篇章，为防治土地荒漠化，全世界正迈出共同步伐。每年6月17日，联合国秘书长发表演讲，联合国和世界各国尤其是荒漠化严重的国家举办相关活动，而且活动的规模和影响也逐渐扩大。从2002年起，采纳中国代表团提出的建议，每年的世界防治荒漠化和干旱日开始有了固定的主题。

2003年12月23日，联合国大会第58届会议通过第 A/RES/58/211号决议，宣布2006年为"国际防治荒漠化"年，并指定《联合国防治荒漠化公约》执行秘书连同联合国环境规划署、联合国开发计划署、国际农业发展基金和联合国其他相关机构为国际年协调中心，邀请所有国家设立国家委员会或协调中心，安排适当活动纪念国际荒漠年。同时呼请所有相关国际组织和会员国资助受影响国家，特别是非洲国家和最不发达国家，组织包括土地退化在内的荒漠化问题有关的活动。鼓励各国尽其所能协助执行《联合国防治荒漠化公约》，并采取专门行动纪念国际荒漠年，以便加强执行该公约。联合国于2006年1月1日启动2006"国际防治荒漠化"年，并系统协同公约的所有191个缔约方在国际和国家层面组织了许多活动。

一些受荒漠化问题困扰的国家根据自身特点，把握规律，不断探索，找到了适合自身实际情况的有效办法，不仅遏制住了荒漠化继续蔓延的趋势，而且在原来没有价值的荒漠土地上开始创造价值。不仅给当地人民带来了实实在在的福祉，而且为其他国家提供了可供借鉴的宝贵经验，为全球防治荒漠化做出了贡献。

以色列在沙漠里不断创造着奇迹

以色列国土面积狭小，土地贫瘠，水资源缺乏，气候相当干旱，沙漠占全国面积的60%，荒漠化现象十分严重。1948年建国时，荒漠化正处于发展阶段，并没有引起足够的重视，仍然过度地使用土地，使得旱情增加，荒漠化日趋扩大。随着国民和政府对环境保护的重视，以色列采取了一系列措施。

首先是制止过载放牧。为制止在干旱地区过载放牧，以色列政府于1950年颁布了针对山羊放牧的《植被保护法》，即《黑山羊法》。1948年前，当地黑山羊约有18.5万只，此法一颁布，黑山羊放牧迅速减少到7.1万只。这样一来，对天然灌木丛式的草场压力明显减轻，经过几年的自我调节，被过载放牧破坏的草地逐渐恢复成典型的地中海式林地。

其次是植树造林。以色列颁布《森林法》《国家公园和自然保护法》，对植树造林地区加强依法管理。他们利用非政府组织犹太人国家基金会来完成全国规模植树造林，并根据土壤退化的不同程度，确定不同的植树造林项目，一部分沿着山涧峡谷和河流进行，目的是防止山谷和堤岸受到冲蚀；还有一些植树项目是为了稳定沙丘，减少风对沙尘的影响。

以色列把在干旱土地上发展水产养殖作为避免干旱土地荒漠化的一种生产方式。利用含有很多有机生物体的地下苦咸水养殖商业价值较高的鱼、甲壳纲动物、单细胞水藻等。这三类水产养殖使用当地的咸水资源，不存在土壤盐碱化的危险，这不仅减少了资源的浪费，而且增加了农民的收入，还保护了环境，可谓一举多得。

再就是营造输水工程。以色列的第一项大规模输水工程是用输水管道将位于中部地区的"亚空"河水引到南部的内盖夫沙漠地区。这条输水管道的直径为1.68米，长130千米，每年可输水1亿立方米。第二项大规模工程是1964年完成的"北水南调"工程，即将以色列北部的加利利湖湖水引到南部沙漠地区，年供水量为4亿立方米。这不但解决了以色列南部缺水问题,而且也解决了以色列冬季和早春时节多余雨水的出路问题,利用北方多余之水来补充地中海沿岸及南部地区的地下水。

积极发展滴灌。以色列惜水如金,他们将肥料和水混合在一起滴灌。由于水直接滴到作物根部的土壤周围,不仅可经济地使用水和肥料,而且由于水不会渗透到作物根部所在区域之外的土壤,避免了杂草丛生,减少了除草剂的用量,有效地保护了耕地。由于水滴不到作物的叶子上,因此可采用微咸水和经过处理的污水。滴灌使大片干旱土地变成农田,避免了荒漠化。以色列还利用滴灌技术发展温室大棚农业,可使蒸发量减少到最低限度,沙尘暴危害随之可大大减弱,是防治荒漠化很有效的办法。

经过几十年努力,以色列许多荒漠化土地得到有效治理,生态系统逐渐恢复。

美国治理荒漠化的经验也值得借鉴

美国受荒漠化严重影响的土地面积约80万平方千米,占全美荒漠土地的37%,主要分布在美国西部的四大荒漠(Mojave、Sonora、Chihuahua和Great Basin)。其中荒漠化极为严重的土地面积有25万平方千米。美国早在20世纪初就已开始荒漠化研究,探索荒漠化形成机制、荒漠化的生态和经济后果以及防治荒漠化的措施和策略。这些策略和措施可概括为一句话:自然恢复的治理与城市化的开发。值得借鉴的成功经验有:①重视生态学原理的应用,体现在"以防为主,辅以恢复"和"保护与开发并重,确保荒漠生态系统资源的可持续利用"等。②确立和执行严厉的土地政策和合理的放牧法规,为治理荒漠化"保驾护航"。如限制土地退化地区的载畜量,调整畜禽结构,推广围栏放牧技术;引进与培育优良物种,恢复退化植被;实施节水保温灌溉技术,保护土壤,节约水源;禁止乱开矿山、滥伐森林。另外,国家鼓励私有土地者种草植树,在技术、设备、资金上给予大力支持。这些政策和措施有力地促进了土地的合理利用,有效地遏制了土地荒漠化的急速扩展。③加大联邦财政投入,促进荒漠化地区的经济发展,开发畜牧优良品种,推广围栏放牧,建设灌溉设施和引水工程。④强调高新技术的开发和应用。⑤动员各级政府、民间团体和土地经营者共同参与。⑥采用防治荒漠化和保护土地经营者利益一起抓的"双赢措施"。

印度治理荒漠化的配套治理方案

印度的荒漠化问题非常严峻。新德里的居民几乎总是门窗紧闭,却无法将来自塔尔沙漠的尘土拒之门外。目前，这个位于印度西北部、面积将近20万平方千米的沙漠，正以每年吞噬1.2万公顷可耕地的速度在扩展。

自独立以来，印度政府相继实施了治理荒漠化的三大"专项工程"，还向民众普及防风固沙技术，并"从娃娃抓起"，培养全民的环保意识。早在1951—1952年度，印度联邦政府就任命了一个专门委员会，并建立了"沙漠绿化站"，对沙漠绿化、沙地农作物培养和草场开发进行了大量的基础和应用研究，为控制风沙侵袭和土地退化向政府提出建议。根据这些研究成果，1977—1978年度，印度政府推出了一个全面的沙漠治理措施——"沙漠开发项目"，实施至今，已经覆盖了全国7个邦40个地区，一些昔日的茫茫荒漠变成了水草丰美的绿洲，曾经因环境恶化而背井离乡的居民重返故园。

在易干旱且存在沙漠化潜在危险的地区，印度政府实施"易干旱地区项目"，由政府出资，进行各种旨在防止水土流失的农田基础设施建设。从1973—1974年度正式实施以来，该项目已经覆盖了600多万公顷的土地，有效阻止了风沙的侵入。政府斥巨资兴修了规模浩大的"英迪拉·甘地运河工程"，40多年来为散布在沙漠和干旱地区的城市与乡村提供了必要的生活和生产用水，被誉为"沙漠上的一条绿色生命线"。

政府还派技术员指导农民种植适合干旱地区的经济作物，同时向农民传授抗击沙漠化的方法，指导他们科学种植防护林带，以减轻风沙对农田的侵害。

印度政府号召全国人民都要树立环保意识，从身边的一点一滴做起，如节约用水、保护森林等。印度环境和森林部为配合6月17日"世界防治荒漠化和干旱日"纪念活动而在全国推出的一套宣传画，画面以《你能做些什么》为题，向孩子们推荐了几种环保行为。比如，建议孩子们不要浪费纸张，一张纸要两面用，并且还为此算了一笔账：印度共有大约1.9亿学生，如果每个学生每天节约一张纸，那就是1.9亿张纸，约合988吨纸，这将意味着一年可以保护大量的树木，而这些树该能保护多少土地不被沙漠化啊！

印度这种从宏观到微观的配套治理方案是有效的。

第四节 "决不能让民勤成为第二个罗布泊"

中国的决心与行动：决不能让民勤成为第二个罗布泊，这不仅是个决心，而是一定要实现的目标。这也不仅是一个地区的问题，更是关系国家发展和民族生存的长远大计。盼……将这件事情列入议事日程，统筹规划，落实措施，科学治理，务求实效。

——温家宝
2005年7月16日

（民勤的生态地位十分重要。作为中国西北地区巴丹吉林和腾格里两大沙漠的天然屏障，民勤绿洲日渐干涸，可能会在近些年内消失。果真如此，中国北方巴丹吉林、腾格里、库姆塔格三大沙漠将连成一片。到那时，对于生活在北京这样大城市的居民来说，沙尘暴可能就不再是一年几次，而是要成为日常生活中的伴侣了。）

作为一个泱泱大国的总理，温家宝首次把治理荒漠化提到"关系国家发展和民族生存的长远大计"的高度，充分彰显了中国政府对治理荒漠化的重视和决心。长期以来，中国政府始终将防治荒漠化作为一项重要战略任务，采取了一系列行之有效的政策举措，一直进行着不懈的努力。

中国成立了一整套防治荒漠化的机构，包括中国防治荒漠化协调小组、中国防治荒漠化管理中心以及地方政府设立的相关机构，从中央到地方形成了有机的防治荒漠化管理系统，有力地推进了中国防治荒漠化工作有组织、有计划、有步骤的开展。

其他与防治荒漠化相关的组织、机构包括中国防治荒漠化协调小组高级专家顾问组、中国防治荒漠化研究与发展中心、中国防治荒漠化培训中心、中国荒漠化监测中心、中国治沙暨沙业学会、中国治理荒漠化基金会、中国绿化基金会等。

此外，中国建立了各级林业、农业、环保、公路铁路防沙和水土保持等管理机

腾格里沙漠与巴丹吉林沙漠"牵手"进逼民勤　　　　　沙进人退，民勤沙漠边缘的移民村（杨勇摄）

> **小贴士**
>
> 中国防治荒漠化管理中心是中国政府1997年根据国家防治荒漠化工作及履约工作需要所建立的一个具有行政职能的司局级事业单位。"中心"的主要作用就是对全国荒漠化防治工作进行管理，同时作为中国防治荒漠化协调小组和联合国防治荒漠化公约中国执行委员会的办事机构，负责处理防治荒漠化方面有关事项的国内外协调和承担《联合国防治荒漠化公约》的履约工作。 中国防治荒漠化管理中心组织全国有关非政府组织专家、16个部门的政府官员编制了《国家行动方案》，2001年又组织18个部门的政府联络员对《国家行动方案》进行了修改完善，并负责组织、指导和实施该方案。

构。成立了水土保持监测中心，负责全国水土保持监测工作，定期发布全国水土流失情况。目前，全国有近10万水土保持工作人员，水土保持监督执法专兼职人员近6万。在有沙害问题的铁路单位设立了防治荒漠化机构，在草原设有草原站。这些机构的建立，对促进各行业防治荒漠化起到了积极的作用。

中国构建了防治荒漠化的政策框架，国家在财政投入、信贷支持、税费减免、权益保护等方面，出台了一系列扶持政策，调动各方面的积极性、主动性、创造性，呈现出国家、社会和个人共同参与防治荒漠化的新局面。建立了防治荒漠化的科技体系，开展科技攻关，推广了一大批先进适用技术和成功模式，主要包括"五带一体"的铁路防沙技术，窄林带、小网格防护林技术，沙漠公路防沙技术，节水灌溉技术和沙地衬膜水稻/小生物经济圈模式，沙地庄园式开发模式，小流域治理技术，四位一体复合生态体系模式和沙地果粮、林粮、林药复合生态模式等，增强了科学防治荒漠化的能力，提高了防治荒漠化的质量和效益。

中国于2001年颁布了世界上第一部防治荒漠化的专门法律——《中华人民共和国防沙治沙法》，形成了以《中华人民共和国防沙治沙法》为主体的防治荒漠化法律法规体系。国务院作出了《关于进一步加强防治荒漠化工作的决定》，批准了《全国防治荒漠化规划》，颁发了《省级政府防治荒漠化目标责任考核办法》，这些政策措施将我国防治荒漠化工作带入了"工程带动、政策拉动、科技推动、法制促动"的快速发展新阶段，有效改善了农牧业生产条件，推进了农村经济结构调整和生产方式转变，为经济社会可持续发展作出了重要贡献。联合国可持续发展委员会第16次会议评价"中国防治荒漠化处于世界领先地位"。

早在中华人民共和国成立初期，中国就有重点地组织群众开展以植树种草为主的荒漠化防治工作。后组建了中国科学院治沙队，开展了沙漠考察。1958年至今，召开了多次全国防治荒漠化大会，组织开展了四次全国荒漠化监测。进入20世纪90年代后，中国政府将防治荒漠化纳入国民经济和社会发展计划，1991年批复了《1991—2000全国治沙规划要点》。2004年编制了《全国荒漠化防治规划》。2008年启动了全国100个石漠化综合防治试点县的工作。

中国政府出资实施了一系列旨在改善生态、防治荒漠化的重点工程，包括六大"重点林业工程"（天然林保护工程、退耕还林还草工程、"三北"防护林工程、长防林等防护林体系建设工程、京津风沙源防治荒漠化工程和野生动植物及自然保护区建设等工程）；七大"水土流失治理重点工程"（黄河中游减沙工程、长江上游坡面整治工程、石灰岩地区土地抢救工程、农牧交错区防治荒漠化综合治理工程、内陆河流域生态绿洲恢复工程、东北黑钙土地保护工程和重要水源型水库保护工程）；八大"草原保护工程"（封育围栏工程、划区轮牧工程、人工种草工程、飞播牧草工程、改良草场工程、建设草原节水灌溉配套设施工程、建设草原类自然保护区工程、治虫灭鼠工程）；有风沙危害的铁路沿线实施的重点工程（新疆千里绿色长廊工程、甘肃青藏线西宁—格尔木治理沙害工程、内蒙古集二线沙害综合治理工程、黑龙江京通线治理沙害工程）。

中国政府还将防治荒漠化纳入国家高等教育大纲，为防治荒漠化制定了各项优惠政策，调动了广大人民群众参与防治荒漠化的积极性。

经过几十年、几代人坚持不懈的努力，中国防治荒漠化事业取得了举世瞩目的成就。2005年年初至2009年年底的5年间，全国荒漠化土地面积年均减少2 491平方千米，沙化土地面积年均减少1 717平方千米。我国土地荒漠化和沙化整体得到初步遏制，荒漠化、沙化土地持续净减少。"业绩令人鼓舞，成就催人奋进。"

然而，应当清醒地看到，我国土地荒漠化问题仍然非常严重，危害依然突出，局部扩展依然严重，治理难度依然很大，治理成果依然脆弱，人为隐患依然较多。荒漠化依旧是制约经济社会可持续发展的一个非常重要的因素！

防治荒漠化——任重而道远！

第五节 "绿色长城" 中国壮举

敕勒川，阴山下。天似穹庐，笼盖四野。天苍苍，野茫茫，风吹草低见牛羊。

——北朝民歌《敕勒歌》

近年来，我国西北地区荒漠化脚步越来越快。"满卷狂风蚀春色，迷蒙黄沙掩繁华"，沙尘暴肆虐，干旱频发，河流断流，湖泊消失，水土流失加剧……严重制约了经济社会的可持续发展，也威胁着生态安全，引起国家的高度重视。1978年11月25日，国务院批准了在我国三北地区（西北、华北和东北）建设大型人工林业生态工程即三北防护林工程，并把这项工程列为国民经济和社会发展的重点项目。

三北防护林工程建成4 000多千米绿色长城

按照工程建设总体规划，1978—2050年，分三个阶段，八期工程，建设期限73年，共需造林3 560万公顷（5.34亿亩）。建设范围包括我国北方13个省（自治区、直辖市）的551个县（旗、市、区），东起黑龙江省的宾县，西至新疆维吾尔自治区乌孜别里山口，东西长4 480千米，南北宽560~1 460千米，总面积406.9万平方千米，占国土面积42.4%，接近我国的半壁河山。在保护现有森林植被的基础上，采取人工造林、封山封沙育林和飞机播种造林等措施，实行乔、灌、草结合，带、片、网结合，多树种、多林种结合，建设一个功能完备、结构合理、系统稳定的大型防护林体系，使三北地区的森林覆盖率由5.05%提高到14.95%，建成抵御土地荒漠化、控制水土流失的"绿色万里长城"，进而从根本上改善三北地区恶劣的生态环境，保障当地人民群众的正常生产生活。

三北工程取得了举世瞩目的成就，在中国北方筑起一道坚实的绿色屏障，成为统筹人与自然和谐发展的标志性工程。截至2008年，工程共完成造林保存面积2 203.72万公顷（约3.3亿亩），其中人工造林1 538.6万公顷，飞播造林88.17万公顷，封山育林576.95万公顷。新增治沙面积4万平方千米，使20%的沙漠化土地得到初步治理，生产力水平明显提高。如今，三北地区水土流失面积和侵蚀程度已呈现明显的"双减"趋势。

三北防护林体系建设工程是一项利在当代、功在千秋的宏伟工程，不仅是中国生态环境建设的重大工程，也是全球生态环境建设的重要组成部分。英国《泰晤士报》称赞：这一规划构想宏伟，将成为人类历史上征服自然的壮举。其建设规模之大、速度之快、效益之高均超过美国的"罗斯福大草原林业工程"、苏联的"斯大林改善大自然计划"和北非五国的"绿色坝工程"，在国际上被誉为"中国的绿色

荒漠产业经济：拓展人类生存空间

长城""世界生态工程之最"。

第六节　国际生态合作典范

（王余利摄）

（熊定国摄）

　　位于内蒙古达拉特旗库布其沙漠的"共青生态园"，是中日、中韩国际生态合作的典范。

　　"共青生态园"总占地面积近2万公顷（30万亩），地处库布其沙漠的东沿，是在团中央"保护母亲河行动"的框架下实施的生态建设工程，其以遏制沙漠化扩展、改善生态环境为目的，以促进中、日、韩友好交流为宗旨，以"小渊基金"——中日青年库布其沙漠生态防护林和"中韩友谊绿色长城"等项目为依托，是多年来中外机构在库布其沙漠造林治沙取得巨大成就的继承和延续。

小贴士

　　库布其沙漠东西长262千米，面积大约1.61万平方千米，是中国第七、世界第九大沙漠，距北京直线距离仅450千米。近年来，库布其周边的土地不断沙化，沙丘向外流动，沙漠逐渐南侵北扩，危害着附近的农田村庄。纵穿库布其沙漠的几条黄河支流每年携大量泥沙涌入黄河，使河床抬高，河水倒流，并不时形成洪灾，淹没大量良田。库布其沙漠的蔓延不仅使当地生态环境遭到严重破坏，更严重威胁到全国，特别是京津唐地区的生态安全。库布其沙漠延伸带以砾和沙为主，冬春季节干旱与大风同期出现，是造成我国华北以及京津地区发生扬沙天气与沙尘暴的主要沙源区之一，甚至进一步影响到韩国、日本的空气质量。

第二章 谁来埋单

在库布其沙漠植树造林，可以说是十足的挑战。生态园区沙丘高低起伏、流动性强，干旱、昼夜温差大。土质以沙土为主，保墒性差，风季极易于沙尘暴及扬沙天气的形成。该区域年降水量不足300毫米，蒸发量是降雨量的十几倍，年平均风速为3.3米/秒，最大风速达28米/秒。植树季节同时也是沙漠气候条件最为复杂的时候，风沙发生强度大、频率高、持续时间长，有时一场强烈的风沙足以将所植苗木吹得连根拔起或被流动沙丘掩埋，用于在沙漠腹地植树和运返苗木的唯一通道作业林道更是荡然无存。一位志愿者这样描述："每年春天植树，与风沙暴共舞，没有休息天，没有节假日。春季过后，每个人都瘦了一大圈，脱掉一层皮，嘴唇裂开了血口子，冬季才会恢复。然而，春天植下去的树苗，往往刚到夏天就被沙暴狂风吹得无影无踪。"

达拉特旗团委书记余生标十数年如一日，带领一班有志青年和来自世界各地的青年志愿者，就是在这种难以想象的特殊环境下实施着中日、中韩沙漠造林项目。他们探索机制，摸索技术，克服困难，精心施工，圆满完成了一期又一期项目建设任务，并历练了一支能打硬拼的"青年治沙造林军"，在库布其沙漠里不断创造着绿色奇迹。

自"小渊基金"——中日青年库布其沙漠生态防护林项目实施以来，已植树近400万棵，造林面积1 600多公顷，沙漠绿化面积逾4 000公顷。

中日青年库布其沙漠生态防护林项目实施之前（余生标提供）

中日青年库布其沙漠生态防护林项目实施之后（余生标提供）

从2006年起，共青团中央、全国青联与韩中文化青少年协会联手在库布其沙漠兴建"中韩友好绿色长城"项目，并先后得到了韩国山林厅、绿色事业团、SK集团、大韩航空公司、韩国国际协力团、京畿道、C40等机构的援助。目前已植树500多万株，造林面积近2 000公顷。

"几多辛劳，几分收获。"余生标们在库布其沙漠共同营造的绿色屏障，像一条绿腰带紧紧锁住了库布其沙漠局部延伸区。这里已由过去沙进人退、风沙肆虐且沙尘暴频发的恶劣环境逐渐转变成人进沙退、满目葱葱的北方沙漠造林生态样板区。当地的小生态圈已经形成，春夏秋季，草长莺飞，绿浪滚滚，多年不见的各种动物悄然出没于林间，许多年前被流沙撵走的农牧民又纷纷返回旧居地，过起悠闲的田园劳作生活，往日黄沙弥漫的不毛之地甚至已成为沙漠生态游览区。如今，每当人们来到这里登高远眺或穿林越沙而行时，无不被眼前黄绿交融的壮景所震撼。

治理库布其沙漠任重而道远，共青生态园的建设，中日、中韩沙漠绿化项目的顺利实施，取得了植树、育人的双重效果，增强了中日、中韩青年及各界民众对携手植绿、护绿的理性认可和情感支持，丰富了中日、中韩青年交流的内涵，树立了国际生态合作的典范。

中韩"友好绿色长城"项目实施之前（余生标提供）

中韩"友好绿色长城"项目实施之后（余生标提供）

第三章
荒漠产业经济谱新篇

治理荒漠化要着重解决人的生存与发展问题。最根本的一点就是要真正解决好荒漠化地区群众的生存问题，为他们提供致富的出路，增强他们的创业能力。

中国荒漠化治理基金会于2005年提出"治理荒漠化，发展产业化"的战略，确立了"治理一片荒漠，发展一个产业，带动一域经济，致富一方百姓，造福万代子孙"的目标。要在切实保障老百姓利益的前提下，科学规划，因地制宜，扶持龙头企业，创新"公司+农（林）场+农业工人"的产业化经营模式，带动老百姓发展组织化、规模化和标准化的生产，实现生态效益、经济效益和社会效益三个效益的高度统一。唯有如此，荒漠化治理才可能形成长效机制，治理的成果才有可能持续巩固。

荒漠产业经济应运而生。

其实，早在20世纪80年代，科学家钱学森就提出了沙产业理论，并做出了第六次产业革命的论断！

第一节 钱学森预言第六次产业革命

1984年，钱老俯瞰着西部中国广袤而贫瘠的荒原，以一个伟大科学家的创新思维指出：沙区具有日照长、光热资源充足、温差大等有利条件，推广使用节水技术，发展知识密集型的现代化农业产业、生物产业及其派生的加工产业，将创造数千亿产值，可为10亿以上人口提供新的生存空间。这就是钱老著名的"沙产业理论"。

钱老进一步阐述，提出"第六次产业革命"的科学论断："农、林、沙、草、海"等5大产业，将在21世纪掀起第六次产业革命，即以生物技术为核心所引发的大农业革命。

钱老做出这一论断的理由是充分而特殊的，他注意到，中国沙漠戈壁的面积有16亿亩，与东部南部的农田总面积相近。传统农业时代的人们潜心于东部南部的农田，通过精耕细作养育了一个民族；新型农业——21世纪的大农业必须开拓新路子，转移战略核心，潜心于我们未知的领域——沙漠戈壁。沙漠戈壁的原始状态以及人们对它的未知从某种意义上来说更加映衬出它所蕴藏的巨大潜力。因为，沙漠戈壁并非绝对的"不毛"，除极少数地域外，只要有些降水，沙漠戈壁就有植物生长，甚至有大量多年生植物。正是由于这种特殊的地理环境因素，造就了沙漠戈壁植物的独特性和难以复制性，如特殊药材，各种习性特别、品质特别的沙生植物等，这些为沙漠生"金"提供了可能。

有人总结钱老提出的沙产业理论的核心为"多采光，少用水，新技术，高效益"，"利用阳光，通过生物，延伸链条，依靠科技，对接市场，创造财富"。杨利民概括了钱老沙产业理论的四个特点：即围绕一个"省"字，坚持走资源节约的循环经济之路；突出一个"链"字，坚持走"草畜工贸四结合"的新型经济之路；强调一个"转"字，坚持走新型的工业化的集约经营之路；追求一个"增"字，坚持走技术创新、成果集群、系统耦合、利用综合、文化衔接和效益叠加的知识经济

> **小贴士**
>
> 2011年春节前夕，胡锦涛总书记在看望钱老时说："内蒙古（鄂尔多斯市）沙产业发展得很好，沙生植物加工搞起来了，生态正在得到恢复，人民生活也有了明显提高。钱老，您的设想正在变成现实。"

之路。

著名沙漠化防治专家刘恕认为，沙产业有四条标准：一要看太阳能的转化效益，二要看知识密集程度，三要看是否与市场接轨，四要看是否保护环境、坚持可持续发展。

沙产业是21世纪的新兴产业。自钱老1984年首次提出沙产业以来，经过20多年的实践证明，这是一项前景广阔的事业。我国最大的沙区——内蒙古自治区是钱老沙产业理论的孕育之地、构思之地、试验之地、推广之地，这些年从沙产业发展尝到了甜头。目前，全区从事沙产业的企业达数十家，年创产值上百亿元，解决了几十万人的就业问题。不仅使沙区生态状况逐步好转，取得了良好的生态、经济和社会效益，而且有力地促进了民族团结和边疆稳定，为维护国家生态安全做出了重要贡献。

第二节　铺就新兴财富之路

荒漠产业经济，就是发展荒漠生态产业的经济-生态复合行为。它集生态建设与经济发展于一体，是荒漠化地区土地高效开发利用的新型经济发展模式。其特点在于以新思维、新技术、新材料和科技创新为依托，选择适应当地生态环境的特色生物种质资源发展特色经济，构造生态经济保障体系，实现产业发展中经济高效、生态安全的双重目标。发展荒漠产业经济，通过从个体到整体、局部到全局，各层面上最大限度的融合，实现生态稳定与经济高效。

一、治荒新思路

我们认为，荒漠化土地是可开发利用的资源。沙漠和沙化土地、盐碱地都是宝贵的资源，它们和荒漠化地区蕴藏着的多种其他独特资源，如矿产、油气、煤炭、光热、自然景观、文化民俗、富余劳动力等一样，利用科学技术，都是可以开发利用的。而且，荒漠化地区大多数远离工业污染源，大气、水、土壤等环境要素尚未遭受污染，环境质量较好，是发展绿色食品生产和有机农业的理想之地。尤其是沙漠里，雨水稀少，蒸发强烈，光照充足，昼夜温差大，生产的产品不论是动物还是植物，都吸聚天地之灵气，口感、营养价值俱佳，是养生长寿的好选择。

我们强调，经济效益是体现生态效益、社会效益的前提。过去有一个误区，认为治理荒漠化是纯粹的公益事业，是可以不讲甚至不能讲经济效益的。事实上，没有经济效益，就谈不上生态效益和社会效益。没有经济效益，群众就不会有参与的积极性，因为生存是前提；没有经济效益，企业就没有参与的理由，因为企业的天责就是创造利润；没有经济效益，投资者就会失去参与的本钱。反过来，如果在治理荒漠化的同时，能实现较好的经济效益，老百姓能挣钱，企业能赢利，投资者有好的回报，那么谁都愿意参与进来，愿意投入进来。唯如此，才可能真正达到治理荒漠化、持续改善生态环境的目的，生态效益和社会效益才会得到体现。

二、发展荒漠产业经济要遵循的几条原则

（1）因地制宜的原则。在荒漠化地区规划发展什么样的产业，一定要因地制宜。所谓因地制宜，就是要考虑这个地方的各种自然、历史和社会人文条件。要重点考察：①气候因素，气温、日照、霜降、降雨量、降雨强度、降雨形式及分布、蒸发量、灾害性天气等；②土地因素，土地类型、利用方式、土壤结构、土质、肥力、使用权属、耕作历史等；③地理因素，地形地貌、坡度、自然灾害等；④水资源因素，地表径流水、地下水位、水质、灌溉条件、用水成本等；⑤人文因素，风俗习惯、耕作习惯、地方文化、民族传统、殡葬习俗、宗教信仰等；⑥交通运输条件，与主要城市的距离，公路、铁路及航运等条件等；⑦其他因素，环境污染、酸雨影响、劳动力价格、外出打工情况、农业及基础设施等。

（2）绝对避免二次生态破坏。既要看到荒漠化地区是资源富集的地区，同时也必须认识到这里是生态环境十分脆弱的地区，基本上还是目前经济发展水平较低的边疆民族地区。因此在发展荒漠产业经济的过程中，应该充分尊重这一地区的特殊规律，绝对避免造成二次生态破坏。所以，凡水资源耗费过大、表土翻动过大、对植被破坏较大、对环境可能造成污染的产业，一律不能在荒漠化地区发展。

（3）市场导向原则。发展荒漠产业经济，一定要坚持以市场为导向。若是没有市场出路作为保障，任何产业化都发展不起来。前些年发生老百姓把卖不掉的芒果、蔬菜、牛奶等挑到政府大院叫闹的情况，就是没有以市场为导向的反面教训。当然，以市场为导向有个主动和被动的问题。龙头企业要发挥绝对的关键作用，眼睛不能仅仅盯着存在的市场或眼前的市场，最重要的是要主动开拓甚至培育市场，尤其是国内发达地区的市场和国际市场。

（4）尽量延伸产业链条。我们选择规划发展的大多数产业，链条都很长，涵盖第一、第二和第三产业，比如种草养畜—加工—深加工，可以延伸到生物工程、有机肥、食用菌甚至旅游观光、物流等关联产业。这是最大限度地挖掘潜在效益、创造就业机会、降低经营风险的需要。

（5）产业领域交叉互补。在一个地区规划和实施发展荒漠产业经济时，要纵观全局，通盘规划。其实很多产业是完全可以交叉互补的。比如，林业、草业和畜牧业，种植、养殖业和生态旅游产业，农畜产品加工和文化产业、博物馆业，等等，都是可以交叉设计、互补发展的。而通过这种产业领域的交叉互补，可以使资源的利用更加科学有效。

三、发展荒漠产业经济，要注重发挥"四驾马车"的关键作用

首先，要充分发挥政府的作用。政府作为优惠政策的制定者，要实行轻税薄费的税赋政策，权属明确的土地使用政策，谁投资、谁治理、谁受益的利益分配政策，调动全社会的积极性。而政府作为公益性投资的主体，要把荒漠化治理纳入其基本建设计划之中，根据对荒漠化地区的细致调查，通过加大财政转移支付力度的方式，分阶段进行立项投资，并将公益性治理的运作机制转变为利益性治理，对于治理工程建设中的产业开发项目，采取国家贴息贷款，鼓励多种性质的投资主体积极参与，且给予投资主体一定的回报。政府还须强化依法治理，加大执法力度，提高执法水平，推行禁垦、禁牧、禁樵措施，制止边治理、边破坏的现象。有法必依，违法必究，执法必严。用法制为治理荒漠化、发展荒漠产业经济护航。

其次，要充分发挥非政府组织的作用。非政府组织比如中国治理荒漠化基金会，是公益平台。这样的平台是面向全世界的。凡是有益于中国治理荒漠化的资金、技术、人才、信息，都可以聚集在这个平台上，发挥最大的效用。非政府组织往往可以起到很好的协调作用。我们的政府体制和职能的改革尚在进行之中，难免还存在条块分割、资源分散、各自为政的情况，限制了协同作用的发挥和最大效能的取得。非政府组织出于整治和保护人类生态环境的最大公益心和国家发展、民族生存的最大利益，经过不懈的艰苦努力，有时候可以发挥一些协调作用，包括跨部门的、企业间的、机构间的、个人间的以及相互间的一些协调。非政府组织还是与国外有关机构间的最佳对接渠道。这可以大大扩展可用的资源。此外，非政府组织具有较高的公信力，还是最合适的鼓动者。通过各种形式的宣传、展览、表彰以及资助，广泛鼓动社会各层、海内外广大有识之士积极参与治理荒漠化、发展荒漠产业经济的伟大事业。

再者，要发挥企业作为运营主体的作用。龙头企业有着不可替代的重要地位和作用。企业应该成为治理荒漠化、发展荒漠产业经济的运作主体。尤其要有针对性地扶持龙头企业，因为它们才具有开拓市场、抵御风险、传导技术、均衡利益（反哺农牧民）的能力。实践证明，抓好一个龙头企业，就可带起一片基地的建设，发

展起来一个产业，带动一方百姓致富。

最后，要十分重视科学技术的作用。钱老沙产业理论的核心之一就是强调依靠科学技术。科技进步是推进治理荒漠化、发展荒漠产业经济的动力之源。要坚持把治理荒漠化、发展荒漠产业经济同科技推广应用紧密结合起来，在各个环节普遍采用先进科学技术，尤其注重组装技术和集成技术，大幅度提高整个荒漠化治理和产业链的科技含量和最终产品的质量档次，形成强有力的科技产效机制，增强产品市场竞争力。

发展荒漠产业经济，不仅解决了长期困扰人们的防治荒漠化的资金来源问题，而且解决了荒漠化地区人民赖以生存、脱贫致富的物质资源问题，实现了荒漠产业的可持续发展。这样既控制了荒漠化的蔓延，又为实现人类与自然的和谐发展探索出一条新路。

第三节　商机无限　功德无量

荒漠产业经济的范畴包括荒漠农业经济、荒漠林业经济、荒漠能源经济、荒漠医药经济、荒漠生态旅游经济等。我们希望，经过20~30年的努力，通过治理荒漠、发展荒漠产业经济，争取为国家增加3亿亩以上的耕地、2 000亿斤以上的粮食和2亿千瓦以上的可再生清洁能源，将荒漠化地区变成新的粮仓、新型能源基地、新的纸浆生产基地、新的中药材及生物医药基地等。

发展荒漠产业经济，商机无限，功德无量。

一、发展荒漠农业经济，保障粮食安全

粮食问题始终是中华民族的头等大事。

中国创造了以占世界7％的耕地养活了占世界22％人口的奇迹。但是，面对眼前粮价上涨和耕地减少的新情况，粮食供求关系将持续偏紧，确保粮食安全仍然是中国一项长期的战略任务。

国内外的经验教训告诉我们，保障粮食安全，必须坚持立足国内，实现粮食基本自给，始终将主动权牢牢掌握在自己手里。决不能把13亿中国人的吃饭问题寄托于依靠粮食进口！要牢牢掌握保障粮食安全的主动权，最根本的是要保护和提高粮食生产能力。这就必须实行最严格的耕地保护制度和节约用地制度，严格控制各类建设用地对耕地尤其是基本农田的侵占行为，切实保护基本农田，"死守18亿亩耕

地红线"。保护耕地资源已成为全社会最为重大的任务之一。而且，我们应该逐步摆脱靠一味增加化肥施用量提高单产来满足粮食消费量增长的局面。粮食安全除了数量的安全，质量的安全同样不可忽视！

事实上，除了坚持"死守18亿亩耕地红线"的战略之外，还有一条更加可靠、也相对现实的出路：发展荒漠农业经济，即利用荒漠化土地生产更多的粮食、油料和棉花等大宗农产品。

我国的科技工作者已经成功地培育出耐盐碱、耐干旱、耐高寒、耐瘠薄的粮食、饲料作物品种，如燕麦、水稻、滕豆、沙棘、四翅槟藜等，可以直接在盐碱地上种植，且能够获得高产。这不仅可以直接增加大量粮食、饲料供应，而且提高了粮食品质，改造了荒漠化土地，增加了耕地面积。在南方石漠化地区人工种植的橡籽（青冈），利用我国发明的淀粉提纯技术，相当于直接增加20%的粮食供应。同样可在南方石漠化地区人工种植的木棉、山地棉、汉麻、牛角瓜（水晶丝）等，则是具有天然抑菌、驱螨等功能的木本纤维。依靠我国发明的专有纺织技术，可以利用这些天然纤维部分替代棉花，在缓解我国棉花对外依存度过大局面的同时，又提高了纺织品的质量，治理了石漠化土地，增加了石漠化地区农民的收入，更重要的，还可置换可观数量的耕地用于粮食生产，可谓一举数得。在南方利用荒山荒漠种植油茶，在北方利用沙荒地甚至盐碱地种植文冠果，可直接生产大量优质食用油，部分置换油菜种植面积，增加粮食播种面积。

需要强调的是，在发展荒漠农业经济时，要特别注意防止退耕还林的陡坡地再度被开垦，更要注重防止二次生态破坏。

耐盐碱、耐干旱、耐高寒、耐瘠薄粮食——燕麦（熊友才摄）

沙棘（熊友才摄）

二、发展荒漠林业经济，为解决"三农"问题做贡献

发展荒漠林业经济的主要方式就是在荒漠化地区发展具有经济价值的林木种植和林产品加工，既可绿化山川，取得生态效益，又可大大增加农牧民的收入，培育农民的创业能力，为解决"三农"问题做出巨大贡献。

近年来，内蒙古、新疆、宁夏、甘肃、青海等省区大力发展荒漠林业经济，走出了一条经济与生态良性循环的产业化道路。来自内蒙古林业厅的资料显示，鄂尔多斯市通过发展荒漠林业经济，初步形成了以人造板、造纸、生物质发电、饲料、饮食品、药品、保健品加工为主的沙产业体系，带动43万户农牧民脱贫致富，人均增收463元。宁夏灵武市有个白芨滩国家级自然保护区，管理局局长兼白芨滩防风固沙林场场长王有德是"全国治沙英雄"，他带领白芨滩林场职工，24年让毛乌素沙漠后退5千米，筑起了一道东西长42千米、南北宽10千米的绿色屏障。2002年以来，保护区职工每人每年坚持扎1万草方格、挖1万个树坑、种1万棵树、完成100亩治沙造林任务。他们的行动，实现了"让职工富起来，让沙漠绿起来，使林场活起来"的目标。地处甘肃河西走廊的三鑫农林科技有限公司从美国引进品种，培育出了以"黑番茄"为品牌的上百种沙产业特色产品。与普通番茄相比，黑番茄含有更多的茄红素、维生素C及抗氧化剂，不仅

从美国引种的"黑番茄"

酸甜适度，还具有浓郁的水果香味，营养、药用价值都很高。在当地，仅种黑番茄一项，农民年人均纯收入就可以达到8 000元以上。

在2009年8月举办的中国（内蒙古）第二届沙产业博览会上，苁蓉酒、欧李果等品质上乘的饮品蔬果，各色精美的柳编制品，质量上乘的沙柳中密度板、刨花板……这些来自沙区的累累硕果，无不展现着荒漠林业经济的魅力。

三、发展荒漠能源经济，为后化石能源时代做好准备

有专家指出，我国荒漠化地区蕴藏着90%的风能、太阳能等可再生清洁能源。利用现代科学技术，发展荒漠能源经济，即在荒漠化地区大力发展太阳能、风能、

生物质能等的开发利用，可为保障国家能源安全做出巨大贡献。

尤其荒漠生物质能的开发，大有作为！如利用沙柳发展生物质发电。毛乌素沙地的沙生灌木是优质生物燃料，经科研机构测定，2吨沙生灌木生物质的发热量至少相当于1吨标准煤。而每亩沙生灌木年均生物质产量约为0.5吨，这意味着1 000万亩沙生灌木每年提供的生物质能相当于一座年产340万吨煤矿所提供的能量，可转化绿色电力50亿度。内蒙古毛乌素生物质热电有限公司利用沙柳等灌木平茬剩余物开展生物质发电，截至2009年6月底，已发电6 300万度，直接减排二氧化碳7万多吨。

竹柳、橡草等可以在沙荒地、盐碱地生长的植物，适应南北方气候和各种瘠薄的土地，且生物生长量更高，是发展生物质发电的更理想原料。

可在荒漠化地区种植的多种植物，如我国特有的文冠果、小油桐、菊芋等，要么耐寒、耐旱，适合在北方沙化土地上种植，要么耐瘠薄，适合在南方石漠化和水土流失严重的地区种植，它们是提炼生物柴油、生物乙醇的理想原料，是极具开发价值的生物质能源树种。

经济灌木林渐显成效（杨勇摄）　　妇女和学生暑假采集枸杞，收入可观（杨勇摄）

四、发展荒漠医药经济，为人类健康保驾护航

荒漠化地区生长的中药材十分丰富而珍贵！利用现代科学技术，发展荒漠中药材种植与加工、生物医药产业，开发各种健康产品以及沙漠养生等服务，可为增进人类健康提供帮助。比如，内蒙古亿利资源集团取得了库布其沙漠"五荒地"50年的使用权，采用农牧民"荒沙废地"使用权入股、返租倒包和一次性补偿等形式，发展以甘草为主的复合生态产业，使3 500平方千米荒漠变成了绿洲。当地农牧民既是企业的生态股民，又是生态种植工人，每人一年可获得劳务收入6 000多元，达到了企业和农民的双赢。

五、发展荒漠旅游经济，为人们提供独特的体验

荒漠化地区本来就拥有丰富而独特的自然景观，可以开发沙漠穿越探险、生态休闲旅游、环境文化教育等。而耐盐碱玫瑰花海观光、沙漠葡萄庄园体验则是发展荒漠产业经济最直接的成果。

发展荒漠产业经济，可以大大拓展人类的生存空间。

基于荒漠产业经济的无穷潜力，中国治理荒漠化基金会遵循荒漠化产业经济发展原则，在广泛调研、科学规划、反复论证的基础上，提出了"北燕麦、南木棉、黄河流域文冠果"的全国荒漠产业发展基本布局，即在北方沙化、盐碱化地区以发展燕麦产业改良土地、增加粮食产量为主；在南方石漠化地区以发展木棉产业替代棉花种植、增加棉花产量为主；而在黄河流域荒漠干旱区以发展文冠果产业替代油菜种植、提炼生物柴油为主；同时在荒漠化地区支持发展风能、太阳能和生物质能等可再生清洁能源以及生物医药、生态旅游、环境教育等新兴产业。

（杨勇摄）

第四章
大漠财富的美丽传说

　　沙漠里蕴藏着各种丰富的矿产资源。目前全球已探明的特大型油气田有300多个，沙漠地区就占了1/3以上。如新疆的塔克拉玛干沙漠，目前就已发现了一个世界级的大油田，即塔中油田，专家预测其可开采储量将达到数亿吨。而毛乌素沙漠有中国目前唯一的世界级大气田，即陕北大气田，天然气总储量逾千亿立方米。再如中东地区著名的产油国沙特阿拉伯，其225万平方千米的国土有一半为沙漠，这里蕴含了世界规模第一的石油储量，目前已探明的石油储量为2 612亿桶，占世界石油储量的26%。此外，沙漠中还蕴含着丰富的煤炭、天然气、铀、铁、锰、磷酸盐等各种矿产资源。

　　不仅如此，沙子本身就是价值不菲的矿产资源，像金子一样带给人类无穷的财富。

　　事实上，已经有不少敢吃螃蟹的人，走在了前头，尝到了甜头。不管他们出于怎样的动机和目的，他们用实际行动实践着沙漠里淘金的渴望，给人以启迪，给人以鼓舞。

　　内蒙古的姚智纯就是这其中的一位。

第一节　吞尽黄沙始吐金

姚智纯是工业化治沙的先行者。军人出身的姚董事长这样向人介绍他的华原风积沙开发有限公司："是经国家工商局核准注册，专门从事风积沙的工业化治理、工业化利用、生态治理及综合开发、科学研究为一体的专业化公司。华原公司计划3年内达到工业化治理风积沙1 000万吨/年，再造7 500亩林地、草场、农田，年生产100万吨玻璃制品、300万吨浮法玻璃、100MWCIGS金属薄膜光伏电组件工厂的规模（目前一期工程已开工建设）。并利用选矿后所得的硅砂、长石和多种矿物质发展硅产业、陶瓷工业、化工工业、建材工业。建成后，包括工业、林业、农业、牧业在内的年总产值可达300亿元，并进一步加大高科技产业研发投入，使沙漠风积沙在得到治理的同时实现综合利用最大化。"

初跟姚董事长见面，听他带着浓重的山西口音介绍这些词儿时，着实很费劲。心里甚至暗暗觉得他是不是在异想天开地天方夜谭哟！我们不太相信他所说的。除非到实地看见他的工厂实实在在地生产出产品来。这是我们这些年从事中国治理荒漠化基金会的工作以来养成的习惯，不轻易相信人说的五花八门的所谓新技术、新工艺、新产品，除非亲眼所见。

但我们分明感觉姚总在走一条与别人完全不同的新的治沙之路，我们一定要尽快去看个究竟。于是去了乌审旗。姚董事长带我们参观了他的第一座工厂。我们亲眼看见了，他介绍的那些事儿正在这里变成现实。

我们相信了。简直太神奇了！

我们开始非常佩服这位姚董事长，非常专注地听他介绍，仿佛他的山西口音也变得"亲切"起来：工业化治沙是治理沙漠化的新途径，也是践行钱学森"沙漠不仅要治理，更重要的是开发，将治理蕴含于开发之中"思想的又一实践活动，必将使鄂尔多斯甚至我国的治沙用沙进入一个历史性的新阶段，进而对世界治沙用沙甚至对传统产业格局产生新的、颠覆性的影响。

我们相信，并且极力用自己的思维去理解，终于明白了姚总所想的、所说的、所做的工业化治沙，就是采用现代科学技术分离、回收风积沙中的二氧化硅（石英）、长石和重矿物（多种金属和稀有金属混合物）等矿物资源，将风积沙用尽，消除风积沙以后的土地是可以植树甚至耕种的，还可以用分离风积沙获得的二氧化硅为原料就地生产的玻璃建造大棚，再装上以风积沙分离物为主要原料制造的太阳能光伏电板，就地获得电源，使大棚玻璃"自热"，便可以发展生态林业和生态农业，不再受季节和气候的制约。这样一来，就有可能彻底地改善生态环境，再造山川秀丽、林木茂盛、水草肥美的自然景象，还自然以本来面貌。同时还能产生经济效益，实现生态效益、社会效益和经济效益并举，形成系统化工业治沙工程。

华原公司正按着姚总规划的蓝图一步步将"黄沙变黄金"的神话变为现实

姚总还说，我国内地发展玻璃、陶瓷工业所需原料多数都是靠挖河沙、采海沙、开山采矿而获取的，对生态造成破坏。这些工业多数都远离资源和能源、所使用的能源需要从千里之外调运，由于耗能大，给国家的交通运输造成很大的压力。而利用我国西部取之不尽、用之不竭的风积沙为原料发展工业，是以治沙为前提，在治沙的同时获取工业原料，这与破坏生态为代价取得工业原料有本质的不同。就近利用资源发展工业化治沙，能为国家减轻交通运输压力，减少环境污染。

姚总对工业化治沙已经达到痴迷的程度。他把这几年从检察院下海以后所挣到的钱，都投进工业化治沙了。甚至连房子也卖了，卖房子的钱也投进去了。他说，迄今没有从银行贷一分钱款，也没有从政府拿到过一分钱项目款。

他是得投进去很多钱。科研从零开始。华原公司与中材地质工程勘查研究院、长沙冶金研究院、中国建材规划研究院、洛玻（北京）国际工程有限公司合作对沙漠风积沙进行选矿和工业化利用研究，发明了风积沙分选"一步法"，一道工序便能把风积沙完全变成6种工业原料，取得一系列科研成果。占地570多亩的第一座工厂拔地而起，也是从零开始。他把工人的食堂宿舍盖得很"豪华"，甚至为工人们配备了图书室、电教室、网球场、篮球场等生活、学习和娱乐设施。姚总常说，工人是企业最宝贵的财富，要让工人们在厂子里有家的感觉。

姚总准备建立世界风积沙博物馆。他甚至组织了一支20多人的专业队伍，专门收集全国各地、甚至世界各地的风积沙，进行化学成分、粒度结构等分析。以便针对不同的沙子设计不同的分选和加工工艺。

起初我们不太理解，为什么这个军人出身、学法律专业、从检察官岗位下海的姚总，对沙子如此痴迷？如此有感情？

后来常听到姚总说："地球荒漠化，不可等闲视之。""善有善报，恶有恶报"，是古人流传至今的至理名言。但是长期以来，人们一直把这一哲语主要用于人际关系，并未用于人与自然的关系。其实，人类对待大自然也未尝不是如此，善待与恶行的因果报应岂不同样而公正？！是该从中吸取经验教训的时候了。在是否善待自然生态的问题上，人们该反思、自问、猛醒了！我们明白了他心里装着什么，也知道了他心里在想着什么。

一切都自然而然。

姚总带领华原公司正在及将要建设的项目包括：已投资数亿元，建成首条风积沙综合利用生产线——工业化选矿厂，一期建设规模为年处理风积沙100万吨，提取有用矿物长石47.75万吨，石英沙25.15万吨，从而开启了人类首次规模化利用风积沙工程。投资额为2.3亿元、生产能力为600t/日的光伏电专用玻璃厂正在建设中；总投资达20多亿元的3×30MWCIGS金属薄膜光伏电池组件工厂正在筹备建设。该项目全套引进德国森错姆公司2008最新技术，使用的玻璃基板是以风积沙为原料生产的。该项目建成投产后，可批量供应性能卓越、工艺先进的高效光伏电池，大大缓解国际国内供需矛盾，为加快可再生清洁能源的高效利用做出巨大的贡献，同时必将推动风积沙产业的良性快速发展。

这些还仅仅是风积沙分选后二氧化硅工业发展链条上的部分工业项目和产品。风积沙按工业化利用的角度审视，可以说全是宝。长石工业的规划正在进行，以长

今天略显凌乱的工地，明天就是一座低碳循环工业新城（王芳摄）

石为原料发展陶瓷工业，化工、建材工业正在研究开发中，重矿物中稀有金属的含量部分已达到国家工业化利用的标准。

华原公司通过工业化治沙、工厂化用沙的实践，向全世界宣布沙漠风积沙再不是威胁人类生存的废沙、灾沙和祸沙，而是可用于众多工业产品大规模生产应用的重要工业原料！其储量巨大，开采简单，利用方便，矿多价廉，为现代工业提供了可利用的又一新型的矿产资源，为人类提供了一条高科技、高效益、生态建设型的治沙新途径。

真希望工业化治沙项目能引起社会各方面的广泛关注，希望国家及各级政府在政策上给予大力支持。更愿华原风积沙开发有限公司一帆风顺，把工业化治沙项目做强做大，达成姚总为造福人类做贡献的善良而美好的心愿，使人类实现梦寐以求的"沙子变黄金"的梦想。

第二节　沙漠葡萄酒庄的神话

内蒙古乌海，生态环境脆弱，草原退化，土地荒漠化严重，是沙尘暴的源头之一。这里地处北纬39度，平均海拔1 150米，位于贺兰山东麓北端，同时拥有炎热少雨的夏季、长日照时间以及沙性的土壤，昼夜温差大。正是这些特殊的气候条件和土壤条件，赋予了乌海得天独厚的生态环境，非常适合葡萄的生长。

乌海一直有着种植葡萄的传统。这里出产的葡萄甘甜爽口，是远近闻名的特色果品。在20世纪90年代，乌海市政府开始鼓励农民大量种植葡萄，种植面积很快就

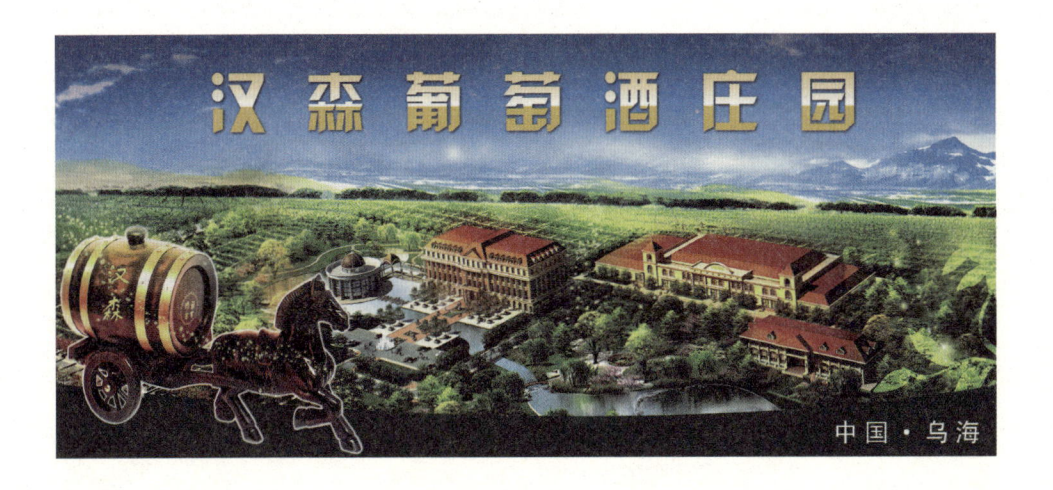

汉森葡萄种植基地（熊定国摄）

发展到了上万亩。但是，当时乌海市没有成规模的葡萄加工企业，因而葡萄销路不畅，出现了三次大面积种植和三次大面积砍伐。政府也曾扶持过几家葡萄酒生产厂家，但最终都以失败告终。此后很长一段时间，乌海地区无人再敢进军这一产业。

撒建平是内蒙古汉森葡萄酒业集团有限公司董事长。他曾经是乌海市地产大亨，头上顶着好多的光环："乌海市'红十字会爱心企业家'""内蒙古经济新闻人物""2008年度中国农产品加工业十大新闻人物""中国沙产业十大新闻人物"，等等，不一而足。其实他本人相当低调，实干才是他的秉性，他奋斗的方向和动力就是"为社会创造财富"。就在他的房地产事业发展得顺风顺水的时候，撒建平做出了一个让所有人惊讶的举动：一掷千金，种葡萄，酿葡萄酒。

撒建平发现，有着上千年酿造历史的葡萄酒，正在改变着中国人传统的饮酒习惯。"我首先觉得葡萄这个产业是个朝阳产业、健康产业，更主要的是它可以治理沙漠，可以改变乌海的生态环境。酿造葡萄酒是一个发展前景非常广阔的产业，可以作为一个百年产业，长期做下去，同时也可以带动广大农牧民和一些企业家们来共同做这个事。"撒建平是这样认识他的葡萄与葡萄酒产业的。

撒建平已在沙漠里种植了1万多亩葡萄，投资上亿元建起了1.2万平方米的葡萄酒标准化生产基地和年生产能力2万千升的葡萄酒厂，带领1 000多户农牧民增收致富，每年为国家创税近千万元。他带头种植葡萄和梭梭等经济作物，植树造林绿化荒漠，开发利用沙生植物资源，使得对沙漠的治理从单纯的防沙固沙发展到全面开发利用沙漠资源。这使他成为钱学森沙产业理论的忠实拥护者和先行实践者。在他的带头示范下，其他企业和个人也积极参与了进来。

撒建平希望依托汉森酒业，实现更多的生态效益和社会效益，让更多人在他的企业实现就业，让更多的农民摆脱贫困，共同走上富裕的道路，让更多沙海变成绿洲。他在沙漠里默默地耕耘着，奉献着，创造着，"享受"着沙海中的葡萄绿洲带给他的一切……

10年的风雨历程，他率领着汉森葡萄酒业始终以国际标准定位，创造了有机葡萄培育与种植技术，利用乌海市的独特地理位置与光热条件，在荒凉的内蒙古西部乌兰布和沙漠中采用沙草与葡萄混种的模式，引黄河之水，采用根系滴灌技术，培育出了优质的酿酒葡萄，创造了沙漠里长出甜美葡萄的神话，在沙窝里建起了"葡萄王国"。

撒建平最痴迷的就是在沙漠里种上好的葡萄，然后把他们酿成上好的酒。他要在沙漠里种100万亩葡萄，要酿造世界上最好的葡萄酒。他积极引进国际先进的酿酒设备和技术，酿出了国际一流品质的汉森葡萄酒。汉森酒业的汉森干红、汉森三星解百纳干红、汉森四星解百纳干红、政府接待专供等四个系列十几个品种的产品，以在乌海产区生长表现上佳的蛇龙珠、赤霞珠、品丽珠等葡萄酿造而成，深受国内外葡萄酒大师的赞赏。在2006年第二届亚洲葡萄酒质量大赛上，汉森解百纳干红葡萄酒荣获了大赛金奖。2007年获得中国有机和绿色葡萄的认证，葡萄和葡萄酒同时获得此认证在国内尚属首家。

他要求汉森酒业公司从原料基地到有机品质，常抓不懈。他的努力获得了回报。汉森葡萄酒首批入住上海世博会！2010年4月，汉森世博专供红酒系列成为上海世博会DEVNET馆唯一指定用酒和礼品酒，并且在2010年5月1日开馆当日就顺利通过各项严格审核、检测，成为第一批入住世博会DEVNET馆的酒类产品。

2010年5月14日，在第四届亚洲葡萄酒质量大赛颁奖晚会上，汉森酒业向大赛组委会提交的窖藏蛇龙珠、珍藏梅鹿辄、窖藏解百纳干红酒、迟采霜红葡萄酒四款葡萄酒，经过国内外顶级红酒专家近乎苛刻的品评后，全部获奖——荣获三金一银的殊荣。

"汉森"作为"乌兰布和沙漠中的一朵奇葩"，正在引起国内外红酒专家与消费者的广泛关注。撒建平正率领汉森成为我国高品级沙漠有机葡萄酒的领军者。

撒建平常说："葡萄酒要做百年品牌，沙漠治理更是造福子孙千秋万代的功业。"这句话已经写进了汉森集团的发展规划中。他认为，只有强化管理，用科学严谨的现代管理手段管理企业，"以人为本"，建立良好的信誉，才能使企业有所

荒漠产业经济：拓展人类生存空间

汉森在沙漠里建起的葡萄酒加工厂和酒窖（熊定国摄）

发展，不断前进。为此，汉森酒业千方百计发掘职工的聪明才智，调动每个人的积极性、主动性和创造力，激发企业的活力，增强企业在市场中的竞争力。他聘请知名品牌策划师，联合中央美术学院，将蒙元文化和葡萄酒紧密融合，形成了汉森品牌独具民族特色又不失国际化的形象。展示汉森治沙成果的"汉森循环经济示范园"也正在建设中。

通过葡萄、葡萄酒产业的良性发展，汉森酒业实现了产业升级，保护了自然生态环境。作为农业产业化国家重点龙头企业，带动更多的企业与个人加入这一产业，是撒建平现在奋斗的方向。如今，乌海的沙海绿了，农民富了。汉森葡萄酒诱人的宝石红，飘出醉人的酒香。撒建平信心百倍地表示，要把汉森葡萄酒做成民族品牌，打造成内蒙古继乳、肉、绒之后的又一大品牌。汉森葡萄酒正在成为内蒙古的新名片。

在新疆、甘肃、宁夏、陕西等省区，还有千千万万个撒建平，用他们的勤劳和智慧，用形形色色的葡萄装点着沙漠，装点着他们的人生，装点着人们的梦想……

第三节　沙漠药材弥珍贵

现在，越来越多的朋友接受我们的观点：沙漠里长出来的东西都是宝贝！因为那里自然条件恶劣：土地瘠薄、缺少水分、日照时间长、昼夜温差大，而且沙漠远离城市，罕受工业和农业环境污染的影响。在这样的环境里生长的植物（包括动物），堪称稀世珍宝！

沙漠里的中药材更是弥足珍贵！

柴达木枸杞——沙漠里的亮丽风景

枸杞富含人体必需的多种氨基酸、微量元素和维生素，具有壮阳、补肾、利肝、润肺、明目及提高人体免疫力等多种功效，是药食兼用的滋补佳品。几乎所有的滋补品、保健方都离不开枸杞。甚至，中餐烹饪也离不开它！此外，枸杞还是保健食品、药品、化妆品的理想添加剂。

在中国，提到枸杞，人们自然而然就会想到宁夏枸杞。宁夏枸杞固然好，品质优良，品牌响亮。但青海枸杞近年在国内及欧洲市场、美国市场和日本市场都被普遍看好，价格也高出其他省区很多！

青海枸杞又名柴杞，主要出产于柴达木盆地，鲜果玲珑剔透，红艳欲滴，状似红宝石，色红粒大，果实卵圆形，籽少、肉厚，大小均匀，无碎果，无霉变，无杂质，品质优良，这主要得益于青海柴达木盆地独具特色的高原大陆性气候。

黄芪（陆爽摄）　　　　　　补血草（杨清理摄）　　　　　　地梢瓜（杨清理摄）

柴达木盆地光照强烈，昼夜温差大，植株光合效率高，夜间消耗少，有利于有机物质积累，枸杞有效内含物含量和营养价值普遍高于国内其他地区，黄酮含量较其他产区高30%左右，是国内最优质的枸杞之一，特别是诺木洪地区的枸杞更是柴达木枸杞中的上品。同一品种的枸杞在柴达木地区栽培，品质便会变为上乘。同时，由于枸杞产区海拔2 800米左右，气候干旱，空气相对湿度低，枸杞等植物的病虫害相对较少。没有工业污染，人口密度小，生态环境洁净，水源、土壤无污染、无农药和重金属残留，生产的有机枸杞达到国际同行业最高标准。

柴达木地区分布有较大面积的野生枸杞资源。近几年，为配合退耕还林还草后续产业的发展，柴达木地区进行了大规模的枸杞人工栽培，形成了一批具有一定规模的枸杞产业化生产基地。

由于枸杞天然生长在高寒、干旱的沙漠地区，根系发达，抗病、抗旱能力强，耐瘠薄，对水肥条件要求低，生长迅速，适应范围广，抗风固沙、保持水土功效显著，是非常优良的治理荒漠化的树种，在沙漠化防治方面效果突出。因此柴达木枸杞在发挥巨大的经济效益的同时，还给柴达木盆地脆弱的生态环境建立起了绿色屏障。据了解，自2000年以来，青海省林业部门结合三北防护林工程、退耕还林工程和防沙治沙工程，在柴达木盆地沙区数十个绿洲及周边地区，集中连片地在沙化土地上人工营造、发展枸杞经济林。至2007年，共营造枸杞经济林5.55万亩，沙产业在当地农牧民收入中的比重达34.3%。

另外，枸杞花果期长，成林后叶绿果红，夏秋季节可在盆地形成一望无际的彩色林带，映衬着皑皑白雪，成为青海旅游又一道靓丽的风景线。

个大质优的柴达木枸杞（杨勇摄）

肉苁蓉——沙漠之宝

肉苁蓉被称为沙漠之宝。这应该是因为肉苁蓉的药用价值非常高，是中国的名贵药材，与大补元气、安神生津的人间良药人参并列为上品，故有"沙漠人参"之美称。

肉苁蓉不能独立生长，只能寄生于一种叫做梭梭的植物根系生长。梭梭具有极强的抗逆性和适应性，耐干旱、耐盐碱、抗风沙、抗严寒，根系和地下茎特别发达，能从土壤和岩层中吸收水分，是防风固沙的优良植物，被人们誉为"沙漠英雄树"。肉苁蓉的种子在沙漠中随风飘扬，在地下一旦碰到能寄生的环境，就会紧紧粘住。种子萌发时，寄生根便侵入寄主梭梭侧根的维管束，首先形成块茎，然后从块茎上生出一至数条肉质茎。开花结实后旧的茎即自然腐烂死掉，新的茎又从块茎上发出，因此肉苁蓉的块茎有营养繁殖与不断更新的特殊功能。

内蒙古巴彦淖尔市磴口县在乌兰布和沙区开发建立梭梭林自然保护区及肉苁蓉繁育、种植、试验、示范、出口基地，目前，梭梭造林突破30万亩，肉苁蓉接种达到3万亩，其数量和质量均居全球之首。磴口县已成为中国肉苁蓉产量最大的"苁蓉县"，全世界最大的肉苁蓉种苗繁育、成品销售基地，为中国乃至全世界治理荒漠、改善环境、大力发展肉苁蓉种植奠定了良好的基础。鄂尔多斯市杭锦旗经过数年不懈探索和试验，掌握了种植梭梭、接种肉苁蓉、防治病虫害的技术，并创造了株产鲜肉苁蓉平均3.93千克、亩产量436.23千克的佳绩。杭锦旗林业局以此为契

> **小贴士**
>
> 肉苁蓉在分类学上隶属于双子叶植物纲、列当科，是一种多年生、依靠寄生生长的草本植物，是国家二级保护植物，也是地中海残遗植物，主要分布于中国西北地区的内蒙古巴彦淖尔市、阿拉善盟、青海、新疆的柴达木盆地、诺敏戈壁、哈顺戈壁、塔里木盆地东部和准噶尔盆地等。

寄生于梭梭树根系的肉苁蓉被誉为沙漠之宝

> **小贴士**
>
> 苁蓉内含有丰富的生物碱、氨基酸、微量元素、维生素等成分，它所含有的苯炳醉糖甙更是其他药物所没有的，它是延缓衰老最有效的成分，对人体下脑垂体、性腺、胸腺、超微结构等方面的老化具有明显的延缓作用。在我国有上千年药用历史，是驰名中外的补肾、强身佳品。《本草纲目》《日子华本草》《本草求真》《本经》《药性论》等典籍对肉苁蓉的药理和药效都有详细描述和记载。苁蓉可用来泡茶、煮汤、炖肉、泡酒、饮料等多种方法食用，补肾阳、固肾阴、填精益髓、温肾暖宫、理气通脉、调理脏腑阴阳、提高免疫力。其药理作用为滋补肾阳，滋润胃肠，又因其性温而具有滋阴作用。

机，大力宣传和推广梭梭接种肉苁蓉技术，为农牧民开辟了增收致富的新渠道。

甘草——并非普通中药材

甘草是我国传统的中药材，入药已有悠久历史。早在2 000多年前的战国时期就有利用甘草治病的记载，东汉《神农本草经》称之为"美草"和"蜜甘"，将其列为药之上乘。南朝医学家陶弘景将甘草尊为"国老"，并言："此草最为众药之王，经方少有不用者。""国老"，即帝师之称。把甘草推崇为药之"帝师"，其原因正如李时珍在《本草纲目》中所释："诸药中甘草为君，治七十二种乳石毒，解一千二百草木毒，调和众药有功，故有'国老'之号。"中医素有"十方九草"之说。

过去几十年里，现代医学从甘草中提取的甘草酸、甘草次酸、甘草黄酮等成分，可用于治疗肝炎、溃疡等多种疾病，效果明显。如：甘草酸二铵可用于治疗病毒性肝炎；甘草锌可用来治疗胃与十二指肠溃疡等常见消化道疾病；甘草提取物可用于治疗抑郁症、肺结核和哮喘等疾病，还能抑制HIV病毒。随着人们对健康的日益重视，越来越倾向利用中草药进行治疗和保健。甘草已成为国际市场上的"香饽饽"，甚至可以认为，除人参外，迄今还没有一种中药材能像甘草那样受到国际药学界的高度重视。

由于国内外甘草需求量增加，市场走俏，各方争相购买，价格一涨再涨，从20世纪70年代至今增长了200倍。我国甘草在国际市场的销量也在逐年增加。日本、美国等国家和地区均从我国进口大量甘草和甘草膏，而后加工制成甘草酸等向其他国家出口。经专家预测，全球甘草年需求量约为27万吨，而我国目前只能提供6万吨。

第四章　大漠财富的美丽传说

产于杭锦旗的地道梁外甘草（熊定国摄）

　　甘草备受重视的另一原因是其食品用途。早在半个世纪前，西方人即知道甘草甜素（甘草酸）是一种无热量的天然甜味剂，对人体无毒无害，即使长期食用亦无任何问题。这使得甘草甜素在国际市场上一直是一种畅销食品添加剂，用于从糖果、巧克力等食品到咖啡、果汁等各种食品饮料中作为甜味剂。欧美进口我国甘草酸或甘草浸膏等产品主要是作为食品甜味剂使用，用于生产"无糖食品"。在美国、德国和瑞士等国家，添加甘草甜素的食品约有成百上千种，且用量还在不断增加。同时，甘草酸皂苷可作为高级化妆品原料，有美白肌肤、防晒等效果。近年来，甘草提取物已成为国际化妆品业界的常用原料之一。可想而知，甘草的供应自然紧张。

　　甘草是一种沙生植物，只能生长在沙漠和半沙漠干旱区域，传统的产区在新疆、内蒙古、华北和东北的西部等"三北地区"。由于野生中药材资源遭到滥采滥挖，严重地破坏生态环境，破坏了中草药生存环境，国家法规明确禁止采挖野生甘草。

　　近年人工种植甘草日渐兴起，且得到快速发展。宁夏、内蒙古等传统主产区，投入大量人力物力财力，实施科研协作攻关，在新品种培育、种植、管理、采挖技术和设备等方面取得重大突破，甘草种植周期由过去的3~5年缩短到现在的2年，产量由过去的亩产鲜草300~500千克提高到现在的1~1.5吨，个别地块产量高达2吨，甘草含酸量由过去的1.5%提高到现在3.0%以上，主根含酸量最高可达4.7%。经济效益越来越显著，同时由于制定了旨在有效保护生态的严格的甘草采挖技术规程，有效保护了甘草种植区的生态环境，使得生态效益和社会效益得到同步体现。

还有很多很多的沙漠药材，难以一一列举。如海拉尔防风，驰名中外；沙枣提取的抗氧化物（SOD），是葡萄籽提取物的好几倍；而苦豆子除了提取有效药用成分外，更是生产有机生物农药的上佳原料……

可以预见，随着生物技术的不断发展和人们对健康的理解日益现实，以沙漠药材为原料的生物医药必将快速发展，续写沙漠财富神话的同时，将带给人们更自然、更安全、更健康的高质量生活。

第四节 沙生灌木饲料之王

人类可以从沙漠中药材的种植和生物医药的发展中得到更高质量生命的享受。动物也一样。沙生灌木饲料带给动物清洁、无污染、高蛋白饲料的同时，也带给人们更安全、更健康的食物，还给生态带来极大的改善。

四翅槟藜号称沙生灌木饲料之王。它是美国培育的优良饲料灌木，是世界粮农组织/中国国家林业局向全世界推荐的荒漠牧场改良最优树种。

四翅槟藜具有耐干旱、耐贫瘠、抗盐碱等多种特性，适应区域广泛，包括温带、亚热带，干旱半干旱沙漠地区，海拔500~3 500米、降水量90~350毫米、土壤含盐0.5%~1.5%、pH值为8~9.5的土地，以及极端最低温-35℃~-42℃、极端高温45℃气候条件，被称为"生物脱盐器"。每年每公顷排盐2~2.5吨的土壤，弃耕盐碱地种植槟藜后，盐碱度可减少到足以种植谷物的程度。其生长快，栽植当年成林，冠径1.1~1.3米；生物量4.5~6.8千克/株，鲜草量1.5~2吨/公顷，适口性好，高营养，蛋白含量高，叶片蛋白质含量21.6%，茎枝蛋白质含量8.32%，同时有积累硒的能力，是荒漠、半荒漠、干旱地区极具价值的优良饲料灌木。

四翅槟藜为深根性树种，一般实生苗根深为植株高度的4~5倍。因其抗旱、耐寒、速生和深根等特点，非灌溉栽培成活率95%以上，因此使之成为优良的水土保持和荒漠造林树种。

此外，四翅槟藜还是典型的低碳树种。其吸收二氧化碳的能力是其他树种的

> **小贴士**
>
> 四翅槟藜属藜科，是常绿或准常绿灌木。株高90~180厘米，无明显主干，分枝繁多；树冠成团状，两年生时冠径可达110~130厘米；叶量大，单株生物量4.5~6.8千克；叶互生，条形或披针形，叶长1~10厘米，宽0.3~2.2厘米。叶正面绿色或砖红色，稍有白色粉粒，背面灰绿色或红绿色；叶常绿或准常绿；根深，一年生苗根可达3.45米，花单性或两性。

4~5倍，简直是植物中的"减碳英雄"。

四翅槟藜的叶、枝、果不仅一年四季都可供家畜和野生动物采食，而且营养丰富，枝叶量大，枝条无刺，当年生长迅速，可采食嫩枝叶较多，所以它将成为我国干旱、半干旱、黄土丘陵区很有发展前景的理想饲料灌木。可在内蒙古、西北各省区广大荒漠化地区建立四翅槟藜饲料林，形成牲畜过冬度春的备荒饲料基地。这种"立体牧场"将确保我国内蒙古和西北部地区畜牧业生产稳定、优质、高速发展，在荒漠造林、水土保持和盐碱地改良等方面将起到不可估量的作用。

第五节 农耕文明的嬗变——新型日光温室产业

荒漠区日光温室是荒漠农业经济发展的一条新路子。甘肃省临泽县就是一个在荒漠地区发展设施农业较为成功的例子。该县是河西地区一个历史悠久的农灌区，土壤肥沃，这里有雪山融水、充足的日照为当地农副产品的发展做保证，从而形成了以临泽小枣、玉米良种、红黑番茄为主的特色农产品产业。传统的大田种植农产品的方式已不能满足冬季人们对农产品的需求，该县从20世纪90年代引进日光温室，对农民的增产增收起到了极大的推动作用。由于荒漠温室阳光光照充足、水土良好、病虫害少，具有高产、优质、无污染、反季节的优势，实现了农产品的提前上市以及冬春季农副产品的稳定供应，市场发展前景十分广阔。广大农技人员以及群众在荒漠戈壁发展温室农业的实践中本着多采光、少用水、夜保温的原则创造了地埋式温室建造技术，这项技术解决了荒漠地区存在的昼夜温差大、夜间保温差的难题；总结提升了沙粒和卵石生态矿物质、有机质栽培、质量监控等技术；示范推广的蔬菜间作套种和反季节温室葡萄栽培等模式，极大拓展了荒漠温室的发展空间。近年以来，针对农民持续增收难的实际，临泽县不断创新发展思维，积极在荒漠区发展以日光温室、奶肉牛为主的设施农业，为突破传统农业发展瓶颈，实现农业可持续发展迈出了坚实的第一步。通过政策引导、资金扶持、示范带动、服务支撑等积极有效措施，极大地调动了群众在荒漠区发展设施农业的积极性。目前全县已经发展荒漠区设施农业1万亩左右，其中，日光温室4 000亩，大拱棚3 000亩，露地鲜食葡萄3 000亩。

设施农业给当地的农民带来了可观的经济收入，据测算，荒漠区温室葡萄亩均收入可达到4万元左右，温室蔬菜亩均收入可达到1.6万元，大拱棚蔬菜亩均收入可达到8 000元左右，露地鲜食葡萄亩均收入可达到3 000元左右，相对于种植玉米，收入为其10倍左右。目前农民人均纯收入中，来自设施农业的收入达1 000元以上。温室果蔬滴灌单次灌水定额为11.5立方米/亩，约为常规灌水定额的1/4，每亩滴灌灌溉定额在250立方米左右，较地面灌溉节水260立方米，节水率为51%。其中温室葡萄每棚年用水量为150立方米，仅为大田作物同面积用水量的1/4，单方水的产值为200元，是大田作物单方水产值的10倍。

荒漠区阳光充足、水土洁净、气候干燥，减少了日光温室病虫害的发生，温室果蔬具有高产、优质、无污染、反季节的优势，市场发展前景十分广阔。

第五章
"追风逐日"续辉煌

荒漠化地区是人类最主要的能源库。据专家测算，荒漠化地区蕴藏了90%的可再生能源，如风能、太阳能、生物质能等。发展荒漠能源经济也是治理荒漠化的重要手段，同时可以"致富一方，为国减压，全球获益"。

第一节　倚风驭"龙"　不是幻想

"君不见，走马川行雪海边，平沙莽莽黄入天。轮台九月风夜吼，一川碎石大如斗，随风满地石乱走。"

这是唐代著名诗人岑参的《走马川行奉送封大夫出师西征》中的诗句，极其形象地渲染了沙漠地区风沙遮天蔽日的恶劣场景。

沙漠逞强施威，所依仗的最基本"武器"就是风和沙。在风季，沙漠地区的风力达到5～6级以上是很常见的自然现象。"风卷黄沙弥漫天，寸步开外看不见，沙丘移动埋村庄，黄沙万里无人烟。"沙漠这条"猛龙"肆虐起来，森林被摧毁，田园被掩埋，城郭变废墟。它不仅常常造成人畜伤亡，严重时还会吹翻各种交通工具，埋没公路、铁路，造成交通的中断。清代和瑛在《三州辑略》中描述了这样的情景："石飞轻于絮，辐重飘若蓬。"

沙漠地区风力大，固然有着相当的破坏性，对人类的生存构成严重的威胁。但另一方面，风力大意味着它所携带的能量也巨大。据有关专家测算，全球风能资源总量约为2.74×10^9兆瓦，其中可利用的风能为2×10^7兆瓦，比地球上可开发利用的水能总量还要大10倍。中国风能储量很大、分布面广，仅陆地上的风能储量就有约2.53亿千瓦，开发利用潜力巨大。而沙漠地区的风力资源在其中占据了相当大的比重。但目前所开发的部分却还是微乎其微。

事实上，早在1 700多年以前，勤劳智慧的中国人民就已经开始利用风能了。考古学家在辽阳三道壕东汉晚期的汉墓壁画上，就发现了世界上最早的风车，中国也因此成为世界上有史可考的利用风能最早的国家。至明代，国人已经开始应用风力水车灌溉农田，并出现了用于农副产品加工的风力机械。

到了近代，人类对于风的驾驭更多地是利用它来发电。真正意义上的大规模风力发电始于欧洲美丽的童话国家丹麦。19世纪末，丹麦建成了全球第一台风力发电装置。此后经过100多年的发展，今天的丹麦已成功地达到以风电来满足其国内20%以上的电力需求，成为世界上风电贡献率最高的国家。其他国家也有着许多类似的成功案例。当唐吉诃德的敌人——那架老式木质风车几乎湮灭在人们灰色记忆中时，巨大的乳白色三叶风机正越来越多地耸立在西班牙海岸、丹麦山谷和德国石荷州平原上。

20世纪80年代初，美国开始在加利福尼亚的哈查比沙漠地区开发风力资源。因为这一地区风速能够达到每小时120英里[①]，大风在一年之中持续的时间又特别长，所以，美国的风力发电厂，大部分设在这样的地方。此后美国公司在这里建成了其国内最早和迄今为止最大的风力发电厂，拥有5 000多个风力涡轮。

---

① 1英里 = 1.609 344千米。

第五章 "追风逐日"续辉煌

随着全球经济的发展,风能利用得到快速发展。自2004年以来,全球风力发电能力翻了一番,2006—2007年,全球风能发电装机容量扩大27%。2007年已有9万兆瓦,2010年达到16万兆瓦。预计未来20~25年内,世界风能市场每年将递增25%。

在中国荒漠化地区,无数架风机组成的金属丛林和大面积太阳能电池板已冲淡了沙漠戈壁原始的荒芜。2006年,中国风电累计装机容量已经达到260万千瓦,成为继欧洲、美国和印度之后发展风力发电的主要市场之一。2007年我国风电产业规模延续暴发式增长态势,截至2007年年底全国累计装机约600万千瓦。2008年8月,中国风电装机总量已经达到700万千瓦,占中国发电总装机容量的1%,位居世界第五,这也意味着中国已进入可再生能源大国行列。2008年以来,国内风电建设的热潮达到了白热化的程度。2009年,中国(不含台湾地区)新增风电机组10 129台,容量13 803.2MW,同比增长124%;累计安装风电机组21 581台,容量25 805.3MW。2009年,台湾地区新增风电机组37台,容量77.9MW;累计安装风电机组227台,容量436.05MW。

技术方面,这些年来已取得突破性进展。近年来,美国对风机叶片进行了重新设计,由于应用了新材料和电子控制系统,其国内的风力涡轮发电装置安装成本已从1984年的每千瓦3 700美元,降至2006年的350美元以下。而其风力发电成本已经从十几年前的每度电40多美分降到每度电3美分。实际上,在过去的20多年中,风力发电技术已经发展得相当成熟,风电成本已经具备了一定的市场竞争力,而随着技术进步和环保事业的发展,风能发电在商业上将完全可以与燃煤发电竞争。估计在2015年前后,中国的风力发电就可以与煤电进行竞争。

新疆(左图)和河西走廊(右图)的风电场(杨勇摄)

伴随着现代科学技术的迅猛发展，更加先进的新型风轮已经被研发出来，如一种风轮能够随着风向的变换和风力的大小随意旋转。这就能够有效地摆脱以往的技术困境，实现更加方便、充分地利用风能资源的目标。今天，一台风力发电机的年发电量可以达到20多年前的180倍，而且借助于信息技术，风电设备的运行和控制已经实现自动化。

当今科技日新月异，可以预见，随着未来新的科学思想和新技术不断出现，在全球各国的共同努力下，人类一定能够逐步实现沙漠地区风力资源的更大规模开发与利用。

除了风能，太阳能是荒漠化地区的又一大可再生清洁能源。

第二节 光热"千机变" 离现实并不遥远

"赤热满天地，火云成山岳。草木尽焦卷，川泽皆竭涸。"

相信看过央视的大型纪录片《走进非洲》之"穿越撒哈拉"的人一定对那里的炎热印象深刻。在炎炎烈日曝晒之下，沙漠地区万物尽皆枯卷，那里的气候相对于王维的这首《苦热》而言，只能说有过之而无不及。

诚然，沙漠地区的极度炎热对于生命的存续构成了严峻的挑战。但这里较长的日照天数、强烈的太阳辐射，却为太阳能的利用提供了优越的条件。以中国为例，沙漠地区年日照时数普遍长达3 000小时以上。全年平均每平方米的太阳能辐射10.62万千瓦。经专家测算，如利用1平方米的太阳能，全年所获得的热能就相当于燃烧38.232吨标准煤，如果累计开发达到1平方千米面积，则可获得相当于3 823.2

> **小贴士**
>
> 沙漠地区为何会如此炎热呢？其实，气候条件只是其中的一个因素，这还与沙漠的地质特征有关。由于沙土的比热相对较小，因此在吸收一定的热量之后，温度升高极快，而沙地本身传热的本领又很小，造成其表层吸收的热量很难向深层的土壤传送。加之沙漠地区的植被稀少，气候干旱少雨，水分的蒸发吸热功能严重不足，这就使得沙地又减少了一条散热的途径，从而导致大量热量短期内于地面迅速集中。所以当太阳升起之后，沙漠里的温度就开始逐渐上升，到了中午，地面就被曝晒得如火炉般，有人试验过，此时用表层的沙土甚至能够烤熟鸡蛋。

万吨标准煤燃烧发出的热量。中国现有的沙漠和沙漠化土地面积接近180万平方千米，如果把这些地区的太阳能都利用起来，那么每年将可提供相当于2万座100万千瓦标准电功率的核电站所产生的电力。若按日本提出的创世纪计划，即利用沙漠和海洋面积进行发电，并通过超导电缆将全球太阳能发电站联成统一电网以便向全球供电，到2050年和2100年，即使全用太阳能发电供给全球能源，占地也不过为186.79万平方千米和829.19万平方千米，而后者仅为全部海洋面积的2.3%或全部沙漠的51.4%，甚至才是撒哈拉沙漠的91.5%。这足以说明在荒漠地区发展太阳能的前景有多么广阔。

在荒漠化地区太阳能主要用来发电。太阳能发电有光伏电池发电、太阳能聚热发电和太阳能温差发电三种方式。

太阳能光伏电池有晶硅光伏电池和薄膜光伏电池两大类，可以在城市和农村应用，也可以在荒漠化地区应用。目前光伏电池在太阳能发电中占90%以上，并且发展非常快，特别是薄膜光伏电池的发展可能大幅度降低光伏电池发电成本。太阳能聚热发电有4种：太阳能槽式发电、太阳能塔式发电、太阳能碟式发电和太阳能烟囱发电。这4类发电目前成本低于光伏电池发电，主要适合荒漠化地区应用，在城市很难应用。太阳能温差发电有三类：半导体温差发电、低沸点温差发电和碟式温差发电，适合荒漠化地区应用，目前虽然还没有温差发电的示范工程，但温差发电

> **小贴士**
>
> 人们利用太阳能的方式已经非常多，但从本质上，可以归结为热利用和光利用两个方面。通过转换装置把太阳辐射能转换成电能的利用属于太阳能光发电技术，光电转换装置通常是利用半导体器件的光伏效应原理进行光电转换的，因此该技术又称太阳能光伏技术。而通过转换装置把太阳辐射能转换成热能利用的属于太阳能的热利用，再利用产生的热能进行发电的技术称为太阳能聚热发电。

在荒漠化地区的发展是很前途的。

在当今能源短缺的现状下,各国都加紧了发展光伏的步伐。美国提出"太阳能先导计划"意在降低太阳能光伏发电的成本,使其2015年达到商业化竞争的水平;日本也提出了在2020年达到28GW的光伏发电总量;欧洲光伏协会提出了"setfor2020"规划,规划在2020年让光伏发电做到商业化竞争。在发展低碳经济的大背景下,各国政府对光伏发电的认可度逐渐提高。2009年,全球新装置的太阳能发电容量为7.2GW。2010年,全世界新建太阳能光伏电源16千兆瓦,比上一年的增速快了一倍。因此人类广泛利用荒漠化地区太阳能之时势必指日可待。

荒漠生物质能是另一片可再生清洁能源的世界。

第三节 神奇文冠果 不只是生物柴油

文冠果俗称土木瓜、木瓜、温旦革子等,北方习惯称其为岩木瓜,是温带树种,其寿命可达数百年,为我国特有的北方优良木本油料树种,素有"北方油茶"之称。近年来,文冠果以其丰富的营养价值,较高的医药工业价值,以及在生物柴油、珍贵观赏植物、优良薪炭木材和水土保持等方面有着极大的开发价值,日益受到重视。

文冠果全身是宝。其花是很好的蜜源植物,其根可以代替染料染布;其果壳、叶子及木材的提取物有抗炎症、抗病毒、抗癌、改善记忆、防治心血管疾病等功效,可制药;其果壳适宜制活性炭,可以提取食品工业中常用的天然色素原料,果皮除含有文冠果皂苷外,还含12.2%的糠醛,是提取糠醛的理想原料;其嫩叶焖炒加工后,可代替茶叶作饮料;文冠果油料是半干性油,芳香可口,是很好的食用油,也可作为高级润滑油、增塑剂和油漆、肥皂等原料;油渣含有丰富的蛋白质和淀粉,可作为提取蛋白质或氨基酸的原料,经过加工也可以作精饲料。文冠果除榨油外,既可炒食,又可当作鲜果直接上市,还可以作为罐藏原料大规模加工,升值途径多,潜力大。文冠果果嫩,皮色翠绿,种仁清亮,味道甘美,风味特别,是特殊的保健水果。此外,文冠果的木材坚实致密、纹理美

> **小贴士**
>
> 文冠果属无患子科文冠果属，落叶乔木或灌木，树高可达10米，胸径达90厘米，树形优美，为深根性树种。树皮灰褐色，有直裂。叶互生，奇数羽状复叶，小叶9~19枚，椭圆形至披针形，无柄，多对生，长3~5cm，宽1~1.5cm，叶缘具锐齿，叶面暗绿，光滑无毛，花叶顶生。花为总状花序，多为两性花，花萼5枚，花瓣5片，白色质薄，香气浓烈；雄蕊8枚，花呈五瓣星状；花期4~5月，可持续20多天。蒴果绿色，圆形、扁圆形或长圆形，多数分为3或4室，果径4~6cm，长4~8cm，7月到8月成熟，种子暗褐色，种仁白色。

观、结实耐用，是家具、农具和手工艺品的好原料。

文冠果油是药、食兼用油，更是天然保健品。作为高级木本油料，文冠果种子不但含油量高，而且油的品质也很好。种子含油率达53%，种仁含油率66.9%，比油菜籽含油量高一倍多。据化验，文冠果油中含不饱和脂肪酸高达94%，其中亚油酸36.9%，含蛋白质27.75%，粗纤维1.6%，非氮物质3.37%。文冠果油从油品指标上分析，有如下特点：①酸值指标低，游离脂肪酸含量（酸值）平均为0.52，算是I级食用植物油；②碘值低（碘值是油的不饱和度的标志，是油品中饱和脂肪酸的含量，饱和酸含量高的油品对人的健康不利，长期食用易引发心脑血管疾病，这正是医学工作者建议人们尽量减少动物脂肪的摄入量的原因）；③亚油酸含量高，亚油酸对心脑血管疾病有非常好的预防与治疗作用。

作为食用油，文冠果油的外观品质非常好，常温下油品清亮、色泽金黄，炒菜时异香扑鼻，凉拌时滑爽顺口，色、香、味均堪称油料中的优品。用文冠果提炼食用油，可代替部分油料作物，为粮食作物腾出大量的耕地，为保障粮食安全做贡献。

文冠果油不仅可以食用，而且可以开发药用保健品。现在上市的中成药"益寿宁""亚油酸滴丸""亚油酸微胶囊"等药物是治疗高血脂、高血压、脂肪高类疾病的药品，其主要成分就是亚油酸。文冠果油亚油酸含量高达37%，说明它具有极好的医疗保健作用。另外，文冠果油皮肤渗透力强，大受化妆品行业追捧。

文冠果是生物能源树种。研究表明，文冠果籽油可以直接用于裂解柴油，所

制备的生物柴油相关烃酯类化合成分含量高，内含18C的烃类占93.4%，而且无S、N等污染环境因子，符合现行的优质柴油指标。通过生物质能源进而生产各种绿色环保燃料，替代煤炭、石油、天然气等矿物燃料，副产品还可以制肥皂、高级润滑油、油漆、增塑剂等多种化工产品。

文冠果适应性很强，耐干旱瘠薄和盐碱（但不耐水涝，低湿地不能正常生长），在年降水量250毫米的干旱地区以及多石山区、沟壑边缘、黄土丘陵、石砾地均能生长，抗寒性强，在气温-40℃时不受冻害，可以利用荒漠化地区非耕地发展大面积种植，增加优质油料供应，不与粮食争地。

在北方建立生物柴油木本原料基地，首推文冠果。人工选育的文冠果新品种二

小贴士

中医认为，文冠果油性甘、平、无毒，涸黄水与血栓。肉（种仁）味如栗，益气、润五脏、安神、养血生肌，久服轻健，可以治疗遗尿症、智力低下和痴呆症等由于脑功能低下引起的病症。从其种子提取的皂苷类化合物，用于治疗小儿尿床、老人尿滴沥、尿等待等。果皮治疗小儿尿床，在陕西、甘肃等地农村是常用的偏土方。叶片、茎干性甘、无毒，经加工可作一种健康的茶叶，可以利尿、去风湿、降血压。

年生每亩即有200千克左右种子产量；五年生亩产种子达300~500千克；8~10年高产栽培亩产种子可达1 000千克，每亩折算能生产生物柴油400千克或更多，经济效益显著。利用边际性土地、沙化和退化的草地荒山种植文冠果，发展良种繁育、原料基地、食用油品、生物医药、保健食品、生物柴油等的一体化、规模化生产，建立环境友好型的新型生物柴油产业，可以有效防治土地沙化、防止水土流失，让荒山、荒坡、荒地变绿，造福子孙后代，对我国生态环境建设、能源安全以及增加农民收入等具有重要意义。

文冠果已被国家林业局列为我国"木本粮油工程"的优先树种和八大生物柴油树种之一。中国林科院、东北师范大学等科研机构已着手进行专项研究。目前，内蒙古、新疆、甘肃、宁夏、陕西等省区纷纷编制规划，落实措施，大力发展文冠果种植和加工利用。相信在不久的将来，文冠果生物柴油必定能够在我国形成巨大的可再生能源产业。

第四节　沙漠第一草　"鬼子姜"显神奇

人们对菊芋这个名称似乎不太熟悉。但如果说它的别名鬼子姜，恐怕知道的人就多了。

专家发现菊芋具有耐贫瘠、耐干旱、适应性强等特点，在沙漠中生长良好，是治沙"能手"，因此被誉为"沙漠第一草"。菊芋的根系可以延伸到周边8米的范围内，牢牢地抓住沙土，并改善周围沙土土壤质量，而且菊芋的繁殖能力也极强，对于水分的需求极少，是理想的治沙防沙植物。实践证明，种植菊芋是治理和利用沙漠的有效途径。种植菊芋治理沙漠已获得国家专利。

研究发现，菊芋经过深加工后的菊粉是一种可溶性膳食纤维，对健康有益，并能预防疾病。菊粉和高聚果糖可调节肠胃功能，提升免疫力，提高人体对钙、铁、锌等矿物质的吸收，是体内双歧杆菌及乳酸菌的增强因子，具有排毒养颜、促进矿物质吸收、调节血液中的胆固醇、降低血压及血糖等功效，并有利于体内维生素合成。菊粉作为功能食品和保健食品，越来越受到各国消费者的重视和青睐。

乳制品是运用菊粉的理想食品系统，因它能有效提高人体对钙质的吸收率，达到20%以上，并能在低脂乳制品的应用中模拟乳脂肪的口感，增加制品中纤维的含量，可替代低聚糖类，是一种功效显著的双歧杆菌增殖因子。在欧洲、美国、日本等国家和地区，菊粉已被广泛应用于配方奶粉、酸牛奶、乳饮料、奶片、液态奶。

> **小贴士**
>
> 菊芋属菊科、向日葵属,多年生草本植物,地下形成块茎。过去我国一般很少大面积栽培。一直以来,菊芋只不过是零星生长于房前屋后的一种野生植物。老百姓常用其块茎腌制咸菜。其实菊芋可生长于各种土壤条件,且种植简单,一次播种可多次收获,产量极高。

保健品方面,菊粉可以作为针对便秘、糖尿病、肥胖等问题的健康食品的原辅料和载体。对于调节肠道菌群、调节血脂、促进钙质或矿物质吸收等保健食品或者功能性食品(减肥食品等),菊粉都是最佳的配料或者功能性成分之一。这方面的应用在亚健康人群中有着广泛的意义和广阔的市场。

菊粉同样也可以应用在低脂低热量食品中,例如低脂涂抹类食品、低能量蛋黄酱、冷冻甜点、冰淇淋、巧克力、糖果等食品。特别是一些高端食品,菊粉可替代20%~50%的脂肪,是一种优良的脂肪替代物,可把脂肪替代成纤维,因而在国际上菊粉大量被应用在减肥食品中,备受女性青睐。

国际上大量的食品生产厂也将菊粉添加到高纤维果汁饮料、功能性饮料、运动饮料、固体饮料、植物蛋白饮料、果冻类食品中。菊粉除增加制品膳食纤维和低聚糖功能之外,还可掩盖苦涩并给人柔软的感觉,使饮料风味更浓、质地更好。添加

菊粉的食品能够给人带来光滑的口感，所以被很多食品公司采用。医药，化妆品和饲料等行业也已经开始应用菊粉产品。

目前，世界菊粉市场总量在16万吨以上，且每年都以25%~30%的速度增长。此前这些份额一直被欧洲的菊粉企业所垄断，但是近年来中国菊粉的竞争力越来越明显，有机并且低价位特别受到北美和东南亚客户的青睐。中国的菊粉市场增长的速度近两年内几乎翻了一番，越来越多的领域和企业投入相当的精力去关注和接触菊粉菊糖行业。如奶业巨头伊利、蒙牛、太子奶等，都先后应用了菊粉。其他的一些饮品也同样加入适当的菊粉以调节其产品的功能性。

国外主要采用菊芋根为原料生产菊粉，而我国已建成了以菊芋为原料生产菊粉的工业化生产装置，填补了全球空白。有机菊粉是今后的发展趋势之一。我国是全世界迄今唯一能生产有机菊粉的国家。

近年来的研究发现，菊芋块茎富含淀粉，含多量菊糖和果糖，是制糖和糖浆的原料，也能提制酒精，是开发生物能源的理想原料。中国科学院谢联辉院士曾经表示，人们完全可以勾勒出未来的图景：二氧化碳、阳光——农作物——乙醇燃料、生物柴油、乙烯等化工材料——二氧化碳。这才是真正的循环经济。而菊芋将是在这个环上的转化酒精的重要部分。因此，如果能对生长广泛的菊芋进行合理有规模的开发，将有助于从根本上解决国家战略储备物资酒精的原料问题。

菊芋种植和加工项目的实施，还可带动农民增收、致富。农民种植菊芋，亩产可达3吨以上，每千克收购价约为0.5元左右，除去成本费用后，每亩可为农民增收1 200元以上。菊粉生产线可配套建设菊芋酒精厂，菊芋渣通过微生物发酵制成优质高蛋白饲料，可带动周边地区养殖业的发展，产业链条很长。可将农产品转化为高附加值产品，促进特色农业发展。

我国有广阔的荒漠化土地，可利用的沙地就达8亿亩，完全可能用来发展菊芋产业，致富一方，造福子孙。

第五节　沙生植物　生物质能源

沙柳等沙生植物可为开发生物质能源提供丰富的原料。

内蒙古鄂尔多斯有一个小村庄，处于沙漠的腹地，常年干旱，植被稀少，每当刮风的时候，卷起的黄沙铺天盖地。水，成了当地人朝思暮想的期盼，先人为这个村子取了一个和水有关的名字：泊江海。然而，期盼终未变成现实。由于沙漠不断扩张，沙进逼人退，当地人不得不离开家园。为了防风固沙，人们想尽办法。20世纪90年代初，种起了沙柳。

沙柳形如火炬，具有干旱旱不死、牛羊啃不死、刀斧砍不死、沙土埋不死、水涝淹不死的"五不死"特性。沙柳是可以生长在盐碱地的极少数沙漠植物之一。沙柳良好的抗旱、保水生理特性对于其适应干旱区恶劣的生态环境意义重大。在自然状态下，沙柳主要生长在丘间低地。由于沙柳萌蘖力强，插条极易成活。春季来临时，风沙肆虐，沙丘平移，不管沙柳被埋得多深，只要露一个头在外面，它就能够茁壮成长。且生长迅速，枝叶茂密，根系非常发达，最远能够延伸到100多米，固沙保土力强，常可成丛出现在沙丘顶部，有效地阻止流沙的迁移。采用沙柳作为防风固沙的第一树种，主要是利用其抗风蚀沙埋能力，在流动沙丘的迎风坡或背风坡角、丘间低地营造防风固沙林，3~4年内即可形成地上枝叶茂盛、地下根系发达、纵横交错的防护林带或林网。

> **小贴士**
>
> 　　沙柳在我国分布于内蒙古、河北、山西、陕西、甘肃、青海、四川等地。在分类学中隶属杨柳科、柳属，灌木或小乔木。小枝幼时具绒毛，以后渐变光滑。叶条形或条状倒披针形，边缘外卷。花序轴密生长柔毛；苞片倒卵状矩圆形。树皮幼嫩时多为紫红色，有时绿色，老时多为灰白色。茎表层角质层较发达。叶互生，叶的结构具有旱生植物的特征；为等面叶，叶肉组织只有栅栏薄壁组织细胞无海绵薄壁细胞；栅栏薄壁组织细胞排列紧密，维管束极为发达。在叶缘及中肋外被有一层角质层，叶边缘皮下还有两层下皮层，气孔微凹。柔荑花序无柄。果为蒴果长圆形。沙柳还具有药用价值，春季采收枝叶，夏、秋季采须状根，全年采收树皮，鲜用或晒干，具有祛风清热、散瘀消肿的功效。

第五章 "追风逐日"续辉煌

沙柳这种沙生灌木还能像割韭菜一样，具有"平茬复壮"的生物习性。人们用刀齐根砍下，砍过的沙柳并没有死，它们默默地蕴蓄着力量，等待来年春天的新生。3年成材，越砍越旺，这是沙柳的本性。可是，如果你忘了它们的献身精神，让它养尊处优，不去砍掉长成的枝干，到不了7年，它们就会"抑郁而死"，成为枯枝。人们说，这就是它的"不做贡献就死"的性格。

沙漠里最容易生长的植物就是沙柳（熊定国摄）

过去，农牧民把平茬后堆积如山的沙柳当柴烧，因而种植和管护沙柳的积极性也不高，有些地方原本大片成活的沙柳因为砍伐不及时，最后都变成了沙漠中的植物尸体。

人们发现，除了防风固沙，沙柳还是既经济又环保的木材。沙柳是制造纤维板极好的材料，泊江海便建起了人造板厂，工厂以每吨240元的价格收购沙柳，当地群众种沙柳的积极性被充分调动起来，无垠的沙漠开始被成片的沙柳覆盖。

更加出人意料的是，沙柳还可以用来发电，沙柳简直就是可以不断开采的绿色煤田。2007年年初，当地建起了以沙生灌木为原料的我国沙漠里第一个生物质热电厂——内蒙古毛乌素生物质热电有限公司。这可是全球首家半干旱区沙生灌木生物质发电厂，也是全球首家以治沙为目的的生物质热电项目。离电厂不到两千米的地方，是一个甲醇化工厂，电厂每年的全部用水都来自这家化工厂的工业废水；生物质发电完成以后，残余的草木灰，是制作钾肥的原料。"废物"从头到尾得到利用，而本身没有产生废物，这对于保护沙漠地区脆弱的生态环境来说，实在是难能可贵。

据说，2吨沙柳至少相当于1吨以上标准煤的燃烧热值。泊江海的生物能发电厂

小贴士

生物质发电起源于20世纪70年代，当时世界性石油危机爆发后，丹麦开始积极开发清洁的可再生能源，大力推行秸秆等生物质发电。中国是一个农业大国，生物质资源十分丰富。还可利用各种沙荒地、荒草地、盐碱地、沼泽地等发展生物质能源。截至2008年年底，我国生物质能发电总装机为315万千瓦。

泊江海建起了世界上第一座半干旱区沙柳发电厂

每年可消耗沙柳20万吨，带动治理荒漠20万亩。该企业通过"龙头企业+原料林基地+农牧户"的产业化经营模式，形成了沙柳种植、管护、平茬、储运、加工为一体的产业链，为社会提供了近5 000个就业岗位，仅收购原料一项，每年就能为农牧民增收5 000多万元。它以大规模能源林基地建设为依托，既实现了灌木抚育资源的能源化利用，还带动毛乌素沙地治理和农牧民就业增收，对我国沙化土地治理模式、沙地生态能源基地建设、清洁能源促进绿色就业等方面，都具有积极的示范意义。

不起眼的沙柳不仅起到了改造沙漠的作用，还支撑起沙漠里的支柱产业，造福于民。

第六章
唯美沙之韵

"大漠孤烟直，长河落日圆。"

沙漠并非只是凶神恶煞般的魔鬼，她也有着迷人的一面。沙漠气候条件的与众不同孕育了她独一无二的韵味，这种韵味决定了她具有一种无与伦比的独特的美。沙漠是自然探险与生态旅游的最佳去处。

第一节　风景沙漠独好

沙漠的内部也存在着一种独特的生态系统。在这一生态系

统下不仅生活着一定数量的野生动植物，构成独特的生物景观，而且存在着许多美丽而奇异的非生物景观。

一、沙漠地区有着独特的野生动植物景观

沙漠地区的植物要有奇异的适应沙漠自然环境的能力，才能生存和繁衍，它们在外表形态、内部结构及生理状态等方面都有很大的不同。此外，沙漠气候的特殊性，加之植物稀少、生物链相对简单、脆弱等因素，令能够在这里生存的动物，都具有惊人的适应能力，同这里的植物一样，它们也有着特殊的形态和生活习性。

沙漠动植物特殊的形态和生活习性，构成了沙漠独特的自然景观。

二、醉人的胡杨林，淘气的跳鼠

胡杨是一种生命力极强的树，被人们誉为"沙漠勇士"。

胡杨又称灰杨，属落叶乔木，是第三纪残余的古老树种，是一种沙漠化后而特

小贴士

多年生沙生植物都有强大的根系，用来增加对于沙质土壤中水分的吸收，它们的侧根发达，可以向四面八方扩展很远，有些植物的根能向水平方向伸出10多米。而且它们的根系一般都是均匀地扩散生长，这就有效地避免了集中在一处消耗过多的沙层水分，提高了水分吸收的效率。沙漠中许多植物的叶子缩得很小，变成棒状或刺状，甚至无叶，这就有效地减少了蒸腾作用的面积。有的沙生植物为了抵抗夏天强烈的太阳光照射，免于受到高温的炙灼，枝干表面还会变成白色或灰白色。此外沙漠中还有少量的一年生"短命植物"，它们的根系虽然并不发达，但生命周期却集中于沙漠的降水季节，能实现对地表水分的高效利用，因此也能适应环境生存和繁衍。还有许多植物的细胞液中含有高浓度盐分，可从盐度高的土壤中吸收水分得以维持正常生理需要，等等。

化的植物，大多是野生，它的叶和枝的多变是为了防止水分的蒸发，它的根系很广，经常可以看到在扩垠的沙地上裸露的长达数十米的根网。它的根扎得很深，可以吸收沙漠深处的水分，所以无论是飓风沙暴或是洪魔的肆虐都无法撼动胡杨的根基，所以胡杨树享有"活3 000年不死，死3 000年不倒，倒3 000年不朽"之赞誉。

据统计，全世界的胡杨绝大部分生长在中国。而中国90%以上的胡杨林又生长在新疆塔克拉玛干沙漠的塔里木河流域。因此在这里建立了胡杨林自然保护区。这是目前世界唯一的最大原始胡杨物种林自然保护区。在这片沙质的土壤上，生长着大面积的、世界最古老的杨树——胡杨。

胡杨是神奇的物种。

胡杨之奇，首先在于它的形象很奇特。胡杨生长期漫长，由于风沙和干旱的影响，很多胡杨树造型奇特、诡异。其幼树枝条及叶子跟柳叶相似，直到几米高后，依然如此，当生长成大树时，在树干下部的枝条上生长仍像柳叶，上半部枝条上则生长如杨树的圆叶。

胡杨之奇，其次在于它能够在极其恶劣的环境中繁衍生长。胡杨不畏严寒与酷暑，耐盐碱、抗旱涝，在气温范围-39.8℃~41.5℃、年降水量仅40~289毫米、蒸发量高达1 500~3 700毫米的恶劣环境中依然能够顽强生长，绽放它醉人的风姿。

胡杨之奇，还在于它的起源很古老。它是古冈瓦纳大陆的热带残留遗种，其祖先远在1.35亿年前就出现了，曾是热带、亚热带河湾吐加依林的优势树种，是自然环境演化的活化石。在2 500年前，其祖先就来到新疆境内"落户"。

胡杨是干旱荒漠区珍稀的唯一大乔木树种，也是荒漠区人民与之生息与共的宝树。在最恶劣的环境、最严酷的气候，胡杨林组成一条不灭的绿色长廊，既阻挡了塔克拉玛干大沙漠北移及干热风的袭击，用不屈不挠的身躯阻挡了沙暴对绿洲的侵袭，同时也治服了叶尔羌河肆意泛滥的野性。

在大漠中，生的胡杨

醉人的内蒙古阿拉善胡杨林（安成信摄）

胡杨精神的现实表现（安成信提供）

壮丽无比，令人赞叹；死的胡杨以它杰出的品质，傲立在大漠，其干硬的枝干在烈日和沙漠的摧残下，呈现出千姿百态的奇特造型，美不可言，令人倾倒。茫茫的胡杨林海中伴生有红柳、沙棘、罗布麻、甘草和其他牧草，春、夏、秋三季花开遍野，香飘万里。秋天是胡杨最灿烂辉煌的季节，那金黄色的、金红色的、金棕色的、金紫色的胡杨与湛蓝的天空辉映，奏响了生命之魂的赞歌。林中栖息野骆驼、狐狸、马鹿、黑颈鹤、松鸡、野猪等多种珍稀野生动物。

临近世界最长的流动沙漠公路沿线的胡杨林保护区，每年都有成千上万的游客观光考察，已成为"丝绸之路"上最亮丽醉人的自然风景。

沙漠动物也有着令人赞叹的奇特之处。比如沙漠里生活着部分穴居动物，它们都具有极度耐旱的生理特点。沙漠中还生活着一些较大的食草动物，它们不仅能耐饥渴，而且具备寻找水源和食物的强大能力。这其中最为人们所熟知的就是骆驼，可以说它是最能适应沙漠生活的动物。此外，不少沙漠地区还生活着少量的鸟类，如沙鸡。它的脚有三趾，脚掌有粗厚的垫，并有棘状突起，腿上生长羽毛，能有效地防止沙地的炎热对自身造成的伤害，而且可以在沙漠中迅速地奔跑……

难以一一列举。这里还是来感受一下淘气的跳鼠吧。

跳鼠是沙漠中过穴居生活的啮齿类动物的典型代表，其中最常见的是三趾跳鼠和五趾跳鼠。它们喜欢在沙丘上挖洞居住，所以又有"沙鼠"之称。

第六章 唯美沙之韵

　　沙鼠的体长一般为130～140毫米，它们共同的特点是后肢特长，足底有硬毛垫，适于在沙地上迅速跳跃，在风沙中也能一跃达60～180厘米。前肢极小，仅用于摄食和掘挖，而不用于奔跑。沙鼠的尾巴一般极长，有些种类的跳鼠尾巴末端有扁平的长毛束，就像"舵"一样，能在跳跃中平衡身体、把握方向。它们的头与兔子极其相似，耳朵很长，鼓室泡很大（利于听觉），眼睛也大。这些特点能够使它们顺利地在夜间做长距离的跳跃。

　　由于沙漠中植物稀疏，并多为灌木而多刺，在这样的环境中，跳鼠主要以植物种子和昆虫为食。食物条件的限制，促使跳鼠非群聚生活，夜间出来活动，长距离地寻觅食物，有时一晚可以奔跳10千米远。

　　夜间，在沙丘的灌木、半灌木丛中，用灯光照射，就会很容易发现跳鼠的频繁活动，跳鼠的明亮眼睛在窥视着你，或者在你面前很快地跳过，使人感到沙丘戈壁的确是跳鼠的乐园。

　　漫长的冬季，它们则以蛰眠而度过。

　　跳鼠是沙漠景观产生的具有特殊生物形态的动物，堪与骆驼相媲美。

　　除了生物景观之外，沙漠中还存在着自然界一些特殊的非生物景观，包括海市蜃楼。不管你是否是个浪漫的读者，下面介绍几种奇特沙漠景象，你一定能从中得到不同寻常的享受！

三、会"唱歌"的沙丘

　　人们发现，在茫茫无际的沙漠中广泛存在着会"唱歌"的沙丘。它们时而发出"嗡嗡"的声音，仿佛有人在拨弄琴弦；时而发出"轰轰"的巨响，好像有喷气式飞机经过。过去，迷信的人们曾把沙丘"唱歌"之怪现象说成是魔鬼发出的声音。而今，随着科技的发展，人们逐渐揭开了它的谜底。原来在这些响沙的背风坡脚下，一般都有地下水分布。因为沙漠地区普遍高温，地下水很快就会蒸发，这就形成了一堵看不见的蒸汽墙和热气层，二者共同组成了一个共鸣箱。当沙丘被风吹动，或在人为因素的搅动下，就会发出各种不同频率的声音，如恰好某些频率与共鸣箱的频率相同，就会引起共鸣，使沙丘发出很大的声音。声音被蒸汽墙等反射回来，音量相互重叠，就变成轰鸣。中国有世界著名的沙鸣区，如甘肃敦煌的鸣沙山、宁夏回族自治区中卫县沙坡头的鸣沙山、内蒙古自治区伊克昭盟达拉特旗响沙湾的鸣沙山和新疆维吾尔自治区巴里坤县的鸣沙山等。

四、"江南水乡"一般的绿洲

在浩瀚的沙漠里，也有人间天堂——绿洲。绿洲是沙漠中地下水资源丰富的地方。丰富的地下水资源涌上地表，令这里沟渠纵横，流水淙淙。怡人的自然环境使得绿洲内林木苍郁，风光旖旎，从高空鸟瞰，犹如沙海中的绿色岛屿。绿洲是沙漠地区人们经济活动的中心。绿洲的外围一般存在着面积较广阔的树林，形成保护绿洲的一道天然屏障。有的绿洲中还会有湖泊的存在，湖水波光粼粼，与岸边青翠的植被相互掩映，谁能想象得到这是位于茫茫沙海中的美妙奇景呢？

五、风吹不倒的"沙山"

位于中国内蒙古阿拉善盟的巴丹吉林沙漠有个著名的奇观。在这片沙漠里，到处可见高大的沙山，这些沙山平均高度一般为200多米，最高的可达500多米。这是世界沙漠中独一无二的景象，巴丹吉林因这些"沙漠珠穆朗玛峰"而闻名于世，美国宇航局称其为"全球最奇特的地貌"之一。至于沙山的形成原因可谓是众说纷纭。我们知道，沙质土壤重量较轻，见风易于飞扬，而眼前的沙土怎么就能在狂风如此猛烈的情况下堆成沙山呢？有人认为，巴丹吉林的东南部被群山遮挡，这一地区又常年吹西南风，刮起的沙粒在山前堆积，久而久之聚集成山；也有人说，巴丹吉林一带原本是丘陵地貌，沙化后，沙粒直接覆盖在丘陵上而形成高大沙山。这个问题，可以说至今还是个谜，还有待人类进一步探索。

其实沙漠地区的特殊景致远不止这些，不再一一列举，还是留待有兴趣的读者自己去亲身体验吧！

六、你更会喜欢沙漠地区的文化景观

除了丰富的自然景观，沙漠地区还有其独特的人文风情。在有些沙漠地区，曾经存在过人类文明，后来消失了，但还是留下了昔日人类生存的遗迹。有些沙漠地区居住着或曾经居住过多个不同的民族，由于他们具有不同的历史文化背景，不同的宗教信仰以及不同的聚居区域，因此就形成了各具特色的人文风情。这些人文风情与沙漠地区奇特的自然景观相交融，使沙漠地区充满了新奇和神秘，形成了一道道独具魅力的文化景观。

比如在中国的塔克拉玛干大沙漠中就深藏着重要的文化渊源。英籍匈牙利人斯坦因曾在新疆和田干涸的河床中找到了现在的尼雅遗址，在当时的中外探险考古学术界引起了轰动。因为尼雅遗址不仅是古代丝绸之路的一处重要遗址，它同时向人们展示了塔克拉玛干大沙漠曾存在过一个悠久、古老、光辉灿烂的沙漠古代文明，尤其尼雅河三角洲的考古文化将会揭示大沙漠环境变迁和历史文化的诸多谜团。历史上，这里曾经有过辉煌的人类文明，史上著名的古丝绸之路就途经塔克拉玛干沙漠的整个南端。许多考古资料说明，沙漠腹地静默着诸多曾经有过的繁荣。在尼雅河流域、克里雅河流域和安迪尔流域，西域三十六国之一的精绝国、弥国等的古城遗址至今鲜为人知，在和田河畔的红白山上，唐代修建的古戍堡雄姿犹存。

如今，有的城市本身就位于沙漠腹地，它们因其独特的地理条件、风俗习惯而成为一所艺术之都，成为人们争相目睹的一道亮丽的文化风景。美丽的沙漠之州——印度的拉基斯坦（Rajasthan）省就是其中的典型代表。这是一个在滚滚黄沙中建造的城市奇迹，是印度最美丽的沙漠艺术城镇，也是印度最迷人的沙漠玫瑰，其文化之丰富、建筑之雄伟、艺术之精彩，完全颠覆一般人心中的沙漠印象，使印度文明更显璀璨，每年吸引无数的观光客造访欣赏。

展望未来，沙漠地区将吸引越来越多的游人，沙漠旅游的热潮必将到来。

第二节 魂牵梦绕恩格贝

恩格贝地处内蒙古自治区鄂尔多斯市库布其沙漠腹地达拉特旗乌兰乡镇内，总面积约30万亩。

恩格贝为蒙古语，意为平安、吉祥。历史上，恩格贝是一块水草丰美、风景秀丽的地方，曾是这一地区的经济文化中心，曾是中国近代史上著名的"独贵龙"运动领袖阿尧尔色那的大本营。这里有默默无言的秦砖汉瓦，有穆桂英征西时筑起的西元城，有五百抗日将士的忠烈英魂。这里的"天外神石"令人遐思万千，这里的"龙泉圣水"让你气爽神清，这里的恩格贝召曾经经灯长明⋯⋯

可是，黄沙的魔掌抹掉了这里的每一丝绿色，使牧人丢弃了草场，农人舍弃了家园。生命从这里消失。呼啸的山洪挟带泥沙，混浊着黄河水的浓度。至1989年恩格贝示范区建立以前，30万亩土地全是荒漠化土地，几乎见不到人烟。

如今，恩格贝示范区内栽植乔木300万株，种植灌木3万余亩，种草5万亩，还建起葡萄园、花园、草籽基地和苗圃，植被覆盖率由过去的5%达到了40%，沙害得到有效控制，水患得到彻底根治，已发展成为集沙漠珍禽动物观赏、大漠风光观赏、生态农业观赏、沙生植物观赏和游客综合服务为一体的著名旅游区，被命名为国家级生态建设示范区，享誉中外。大漠孤烟，长河落日，碧水蓝天，绿树清风，历史人文，英雄业绩，一起构成恩格贝丰厚的文化现象和旅游资源，吸引了成千上万的旅游者慕名而来。

恩格贝是人类在库布齐沙漠里创造的一个奇迹，充满传奇色彩。她呈现给人们的，不仅是一片赏心悦目的绿色，更是一种改造自然、重塑秀丽山川的理想、胸怀和希望。

恩格贝取得的成就，离不开王震、万里、薄一波、宋平等老一辈无产阶级革命家的关怀和支持，更是一代又一代国际国内奉献者用青春、热血甚至生命换来的！

第六章 唯美沙之韵

日本友人远山正瑛就是其中最具感召力的一位！

远山正瑛，日本鸟取大学教授，是"一辈子都在绿化沙漠的学者"。他是在库布其沙漠里栽种和平与友谊的一位令人敬佩的国际友人，是恩格贝治沙队中的国际战士，一位充满愚公精神的智叟。

恩格贝的人都叫他远山。

远山总是戴着一顶遮阳帽，一身工装。天阴天晴，永远是一双高腰雨鞋，腰带上嘀哩嗒啦，永远挂着剪理树枝的工具，手中也永远是一把明明亮亮的铁锹。工装的腿袋里，装着一部照相机。右臂上，鲜艳的红袖箍，印着一行"中国沙漠开发日本协力队"几个耀眼的黄字。这身打扮，在恩格贝独一无二。

远山老人有着不解的中国情结。60多年前，农学博士青年远山正瑛沿着中国古老的黄河，结识了黄土高原，结识了茫茫大漠。那时，活跃在他脑海的梦就是：学习中国的农艺，绿化中国的沙漠。战争击碎了这个年轻人的梦。带着痛苦和悲愤，远山又重回日本。他曾致力于日本海岸沙漠的农耕开发，以惊人的毅力，在沙漠上种出瓜果，种出鲜花，赢得了嘉奖和赞誉。24万公顷的沙丘在远山正瑛的手里，变成了农田。从天皇到普通老百姓，有谁不知道鸟取大学教授、让沙漠长出硕果的英雄远山正瑛！

数十年过去。年届70岁的远山正瑛重新踏上中国的土地。那一个被战争击碎了的青年时代的梦，又回到了远山心中。重新走进大西北，重新见到黄河，重新看到沙漠，远山正瑛从此开始了北京—大阪的空中往来。他收集树种，一遍遍播撒在中国的沙漠，在腾格里沙漠，在毛乌素沙漠，新栽的杨树迎风婆娑，培植的葡萄果实累累。

远山老人来到了恩格贝。他像一棵红柳，在这里扎下根来。

在远山老人的卧室兼办公室里，土墙上挂着一张中国地形图和一张中国人口分布图。远山用红笔在两张地图上都重重地打着一道红线，北起黑龙江的黑河，南到云南的腾冲。一条线，把中国分成了两半。

"在红线的南边，45%的土地，人口却占了90%以上。北方，却是荒漠，荒漠！"这是时常能听得到的远山的声音。这声音很洪亮，这声音让人警觉。

远山看到了：人口的过度密集，导致人地矛盾十分突出；土地和森林资源的过度开采，导致南部中国年年遭受水患，整个中国都为之揪心。当一位西方的经济学家断言"未来中国种植的粮食养不活自己的人民"的时候，92岁的远山正瑛却在恩格贝断然地说："中国的土地除了养活现有的人民，还能再养活10亿人！"

远山老人相信"21世纪是沙漠时代"，"是改造沙漠的时代"。一个日本老人，对于中国未来的希望，建立在沙漠改造上。对于改造沙漠，远山认为重要的是开发。每天，远山很早就扛着他的铁锹下地去，晚上很晚才回到房子里。有时，他会拿出几个硕大的土豆说："只有在恩格贝，才能长这么大！在日本长不了。"他希望种植大量的土豆，然后加工炸土豆片、土豆条，制土豆粉，向全世界推销，这是恩格贝的土豆，恩格贝的名牌！

就在离恩格贝不远的地方，当年日本侵略者所留下的罪行还依稀可见：黄沙里，随处可见根根白骨，人们叫那里为"死人塔"。那是1942年一支国民党军队中了日军埋伏，被残酷杀戮之后留下的残骸。荒漠里，一堆堆残砖碎瓦，那是恩格贝召（庙）被日军飞机轰炸的见证！黄沙虽未掩住战争的残梦，和平和绿树却已在就近发芽！对那场罪恶的侵华战争，远山正瑛感到痛心，他说："作为日本对过去侵略中国的一种补偿，也应该支持中国人民建设家园。"

一个耄耋之年的老人，却有着一颗真挚单纯的童心。远山正瑛说："我希望各国都降低军费，把这些钱用来治沙、植树！让士兵们到沙漠来，栽种绿色，栽种和平，这才是全人类未来的希望！"92岁时，远山正瑛老人说："我还想再工作30年！""我要把这把老骨头献给库布其沙漠！"一个外国的老人，面对中国沙漠，发出铿锵的誓言。

你能感觉到，那是整个人类面对自然、面对未来发出的共同誓愿！远山老人兑现了他的诺言。他真的把所有的热情和勤奋都奉献给了恩格贝，连同生命！

他的精神感动了无数的人！在他的感召下，世界各国的志愿者纷至沓来。他们的目的只有一个：为了美好的明天。

日本人戴着醒目的袖标，来到恩格贝；几年来有5 000多人，每人栽下100棵小树，小树郁郁成林。

德国人、美国人、英国人、法国人、澳大利亚人、奥地利人、韩国人，以及我国香港、台湾、澳门的同胞，也陆陆续续到了恩格贝。

每天，从祖国各地都有志愿者来到恩格贝，希望在这里接受一次灵魂净化。包头、深圳、上海、福建、江苏、东北……五湖四海，南腔北调。有普通工农，也有大学生和研究生。小的只有五六岁，长的有九旬老人。无论是从新闻媒体得知的，还是人人口耳相传的，他们在恩格贝找到一个共同的目标，一个绿色的目标。

恩格贝远离都市，远离繁华与热闹。天高地宽，空气清新，饮水洁净。恩格贝生活艰苦、劳动量大，大家把艰苦的劳动更当做心灵净化剂。这里是心灵的净土，人们在这里感受绿色战胜沙漠、生命战胜死亡的哲学内涵和现实行动。

人们在这里续写生命的震撼！

在一棵小榆树旁的沙地上，有一块二尺见方的红砖铺下的墓地。这里安息着一个来自异国的年轻的灵魂，一个向往恩格贝的治沙者的梦。死者名叫泉智彦，是一名日本大学生。他报名参加了日本沙漠绿化实践协会、中国绿化协力队，就在他整装待发时，突然被检查出癌症。一个到中国去，到恩格贝去，亲手在那里栽下一棵绿树的梦，终止在病床上。在弥留之际，他挣扎着对父母留下最后的遗言："我长这么大，你们一直爱我，满足我一切要求，现在请满足我最后一个愿望吧，把我的骨灰带到中国的恩格贝去，我想看着那里绿化，如父母能代我去栽树，我会感谢你们！"带着一捧儿子的骨灰，带着一个年轻大学生对恩格贝的向往，父亲泉干雄，母亲美惠子来到恩格贝，把儿子的灵魂和绿树一起栽种在沙地上。连续5年，这对父母年年来到恩格贝来栽树，来完成儿子留下的心愿。

一位当年随日本侵华军队到过内蒙古，在包头城楼上站过岗的日本老人，来到恩格贝，说他的心都在颤抖。当年，他是扛着枪来的；现在，他是扛着树苗来的，他要栽下绿树，栽下一份忏悔；让绿色永远记住中日人民的世代友谊。

还有一些僧人，一路化缘来到恩格贝，说他们要栽活小树，教化那些流浪和飘零的孩子，要在大地上实实在在扎下根，做一个有益于社会的人。

人们在这里重建精神家园。

一对云南的父母，几乎用悲哀的声音祈求恩格贝接受他们那位吸毒的儿子到沙漠来种树。希望在这里能拯救迷途者的灵魂。

一位来自福建莆田的志愿者，曾经是腰缠万贯的年轻老板，炒股输了本钱，一跌而为穷人，于是万念俱灰，想用剩下的一点钱周游全国，之后就去自杀。旅游到西安，偶尔从报纸上得知恩格贝的故事后，便想推迟结束生命，先上恩格贝来看一看，再作抉择。沙漠使他重新获得了生的希望，参加修坝、治沙、植树，每天的辛劳，使他重新体验了生命的可贵，3个月过去了，这位莆田青年，在恩格贝扎下了根。

一位钢铁公司的团支部书记，从南方来到恩格贝，他觉得在这里有一种精神在召唤着自己。他在恩格贝，说修路就修路，说栽树就栽树；大家一起热火朝天地劳动，没有杂念，也不必想太多的东西，有时得往返30千米路程去干活，早上吃一顿饭，第二顿就得"戴月荷锄归"了……

远山正瑛老人的英灵，正欣慰地看到恩格贝成为一个国际村，不断吸引着一群又一群、一代又一代为改造沙漠而献身的绿色公民。

他使人们更加坚信：21世纪是改造沙漠的世纪。

第三节 大漠明珠响沙湾

在很多人的印象中，内蒙古似乎很遥远，这个祖国北方的蔚蓝的故乡就像一个梦一样让人们去追寻，拥抱那里最原始的辽阔和自由，就像歌中唱的一样：我的心爱，在天边，天边有一片，辽阔的大草原……

可是你知道吗？在内蒙古，还有一种壮阔的风景会让你的心波澜起伏，那就是中国最美的沙漠，也是离你最近的一片沙漠，被誉为大漠明珠的鄂尔多斯库布其的响沙湾旅游景区。这里的风景孕育神奇，这里的风情多姿多彩，这里的沙子会唱歌！

响沙湾背倚大漠龙头库布其沙漠，面对罕台大川，又名"银肯"响沙，宛如弯月相缀，沙高110米，宽200米。响沙湾是一处世界极珍稀、特有、罕见的自然旅游资源。她的神奇与神秘色彩每年吸引着数十万游客到响沙湾旅游观光。响沙湾的景色随四季而变化，成为摄影发烧友的创作地。更多的人通过优秀摄影作品认识响沙湾的风光和风情，感受人与自然的生息相关。

在领略库布其大漠风光之余，自沙丘高处顺沙坡滑下，您便会感到沙丘的颤动，耳边传来一种奇妙的声音，由远及近，由弱到强。瞬间，强大的声音震撼着河谷，震撼着天空，震撼着人们的心灵。像是飞机从空中掠过，又像是惊雷滚动，这奇妙的情景让人惊异，让人百思不得其解而又感到欣喜若狂。这就是响沙湾所发出的天籁之音，是响沙湾唱出的粗犷雄浑的大漠之歌。

第六章 唯美沙之韵

响沙湾的沙响会因四季的不同而变幻莫测。春天，响沙湾的沙子是干燥的，当你滑沙时便会听到巨大的声响，震撼着人们的心灵；夏天是雨季，沙子会因潮湿而不响，但只要经过太阳一天的暴晒，轻轻一拢那被晒干的沙面，沙子便会发出脆如虫鸣的声响；而在金色的秋季，响沙湾天高云淡，秋高气爽，游人们躺在洁净的沙子上晒太阳，或惬意地进行沙浴沙疗，你若无意间拨动身边沙子，又会听到如虎啸狮吼之音；冬季游人稀少，响沙湾万籁俱静，间或一场冬雪，把响沙湾装扮得银装素裹，涓涓细沙随着强劲的北风顺沙坡缓缓流下，产生雷鸣般的声音，划破长空。

你想不想试试骑骆驼？你敢不敢从百米高的沙坡滑下？来这里吧！响沙湾给你沙漠激情全体验，一系列紧张刺激的沙漠活动任你挑选！滑沙、骑骆驼、沙漠滑翔伞、沙漠冲浪车、沙漠探险车，让您近距离亲近浩瀚大漠，让探险之梦成为可能！

这里的风情多姿多彩。响沙湾地处中国蒙古民族聚居区，能歌善舞，热情好客的蒙古族以其悠久的历史、灿烂的文化孕育出多姿多彩的民族歌舞。在歌的海洋、舞的故乡里，一种风情会将你深深吸引，那就是被列入首批非物质文化遗产的鄂尔多斯婚礼。响沙湾民族艺术团的精彩演出，让您领略到内蒙古的独特神韵与风采！这里的风情盛宴，品位非凡。您可以一边品味着有民族和地方特色的美食，浩瀚的大漠尽收眼底，"大漠锦绣，情闲志雅"。

夜晚来临，繁星点点，皓月当空，沙中悠扬的歌，漠上狂野的舞，掀起响沙湾之夜——银肯沙漠狂欢风暴！蒙古游牧部落民族风情歌舞，原始动力烈火部落燃起篝火，一起在大漠之巅、星空之下浪漫约会！

激情的沙漠歌舞演出，火爆的篝火沸点现场，打破内心的沉寂，让夜的颜色亮起来！

不一样的夜，不一样的体验！就在响沙湾！

第四节　腾格里达来月亮湖

腾格里，蒙语意为天，是当地人们心中的文字图腾，意为茫茫流沙如渺无边际的天空，故名。它蕴含高、陡、奇、险的深义，素有"登上腾格里（沙漠），离天三尺三"的说法。登临沙山高处，极目远眺，茫茫沙海，渺无边际。

腾格里沙漠中还分布着数百个存留数千万年的原生态湖泊，达来月亮湖便是其中的一朵奇葩。

达来月亮湖是腾格里腹地的纯天然湖泊，也是一个完全处于原始状态的沙漠绿洲。站在腾格里达来高处沙丘，你会惊奇地发现这个奇异的原生态湖泊其形酷似中国地图，芦苇的分布则将全国各省区一一标明——因此腾格里达来月亮湖拥有一个更加响亮的名字——"中国湖"。

月亮湖湖岸草坪如毯，湖水碧波荡漾，水鸟嬉戏。湖的周围生长着花棒、柠条、沙拐枣、梭梭等各种灌木林草，珍稀的白天鹅、黄白鸭、麻鸭等成群结队栖息于此，沙峰、湖水相映成趣，奇幻般的美丽。俯瞰月亮湖，只见湖光沙色，交相辉映；碧水蓝天，浑然一体，恍如梦境一般。在粗犷、豪放、宁寂的大漠中，月亮湖犹如一叶扁舟和一面明镜，集灵动、轻柔和明静于一身，充分展现出一种原始的、自然的、未经人工刻意雕琢的原生风貌。漫步月亮湖畔，轻风微拂，芦苇摇曳，鸟儿嬉戏，游人与天鹅结伴，灰鹤啾啾觅食，百灵鸟脆鸣歌唱，一派人间仙境的景象。夜宿大漠营地，空中繁星点点，地面月泻如水，偶尔夜鸟鸣叫，更增宁静淡然。

据检测，月亮湖一半是淡水湖，一半是咸水湖，湖水含硒、氧化铁等10余种矿

小贴士

腾格里沙漠是中国第四大沙漠，位于内蒙古自治区阿拉善左旗西南部和甘肃省中部边境，南越长城，东抵贺兰山，西至雅布赖山，面积约3.67万平方千米，海拔约1 200~1 400米。腾格里沙漠内部，沙丘、湖盆、盐沼、草滩、山地及平原交错分布。湛蓝天空下，大漠浩瀚、苍凉、雄浑，千里起伏连绵的沙丘如同凝固的波浪一样高低错落，柔美的线条显现出它的非凡韵致。沙漠西南部有植被覆盖，主要为麻黄和油蒿；沙漠中部、南部和北部洼地里，植物生长较好，主要为蒿属。

物质微量元素，且极具净化能力，湖水存留千百万年却毫不混浊，虽然年降水量仅有220毫米，但湖水不但没有减少，反而有所增加。

月亮湖是腾格里沙漠诸多湖泊中唯一有"海"岸线的原生态湖泊，在它3千米长、2千米宽的"海"岸线上，挖开薄薄的表层，便可露出千万年的黑沙泥。经过检测，月亮湖独有的黑沙泥富含十几种微量元素，与国际保健机构推荐的药浴配方极其相似，品质优于"死海"中的黑泥，可谓是腾格里达来独一无二的纯天然生态资源。

腾格里达来月亮湖是温带沙漠动植物样本区，许多科学家指出这个6 000万年前形成的沙漠湖泊是地球古代海洋的缩影，地球上的生命曾在这里静静地繁育……这里正在建设一个温带沙生植物园，计划把所有温带沙生植物收集种植，为世界沙漠治理研究工作提供一个最佳场所。

所有这一切，造就了腾格里达来的神秘，使其成为内蒙古西部阿拉善盟境内腾格里沙漠腹地，面积达150平方千米，集沙漠、湖泊、佛教、绿洲、胡杨等自然奇观为一体的大型综合旅游区。

在这里，你可以尽情饱览大漠风光。腾格里沙漠与巴丹吉林沙漠、乌兰布和沙漠统称为阿拉善沙漠。沙漠内湖泊、绿洲众多，仅腾格里沙漠就有130多个大小湖盆。每到夏秋季节，迷人的大漠风光成为挥之不去的梦境。

你也可以尽情欣赏这里的晚霞长空。当还在"大漠孤烟直、长河落日圆"的千古佳句意境中徜徉时，落日的余辉又在寂静的天幕下弥漫，那一瞬间最强音后的乐章便随之化为天籁。

你更可以在腾格里达来月亮湖探险营地尽情领略现代文明与生态保护结合的风采。

在这个最具代表性的沙漠地区，正在进行着一种沙产业开发的新尝试，一种沙漠治理的新示范，一批批有识之士对此予以高度肯定，因为它不仅是一个沙漠旅游胜地，更关键的是它引发了许多关于生态的新思考。

谈到月亮湖，一定要提到宋军和"阿拉善SEE生态协会"。

2001年，企业家宋军先生在阿拉善盟投资5 000万元建成了月亮湖生态旅游景区。之后的3年中，陆续有百位年轻有为的企业家到访月亮湖景区。他们身处茫茫沙海，深切感受到了日益恶化的中国西北生态环境，尤其是近年来作为北京沙尘暴来源的阿拉善盟。正是沙尘暴的严峻挑战，唤起了百位中国企业家共同的社会责任感，并将其汇集为一个事业——改善和恢复内蒙古阿拉善地区的生态环境，减缓或遏制沙尘暴的发生，并推动中国企业家承担更多的社会责任。2004年6月5日，百位中国企业家在腾格里沙漠成立了阿拉善SEE生态协会，它是中国首家以社会（Society）为己任，以企业家为主体（Entrepreneur），以保护地球生态（Ecology）为实践目标的非政府组织（NGO）。

SEE以推动人与自然的可持续发展为愿景，遵循生态效益、经济效益和社会效益三者统一的价值观。SEE的宗旨是以阿拉善地区为起点，通过社区综合发展的方式解决荒漠化问题，同时推动中国企业家承担更多的环境责任和社会责任，推动企业的环保与可持续发展建设。SEE主要致力于：通过调整社区内部、社区与外界的利益关系，以内生动力解决社区环境问题，达到可持续发展的目标；将环境教育、环境技术、环保科研等因素融入社区发展项目，促进社区的综合发展；通过社区试点项目，为政府提供环境治理方面可借鉴的有效途径，同时推动环境保护政策的完善；通过"SEE生态基金"的资助，支持不同类型的环保组织实施环境项目；每两年一届的"SEE生态奖"奖励环保项目，推动中国民间环保事业的发展；组织与环保相关的讲座、论坛、参观等企业家交流活动，为企业家参与环保事业提供平台；协助企业建立环境保护体系，从工艺、产品、品牌和文化等方面实现环境友好与可持续发展。

自成立以来，阿拉善SEE生态协会不断完善组织结构、加强国际合作，开展了一系列卓有成效的项目，包括国际合作项目、公众教育项目、社区持续发展项目等。其中值得一提的是SEE在成立之初的第一个项目，即吉兰泰地区梭梭林保护与社区发展项目。到2008年，该项目已经覆盖吉兰泰镇3个社区，累计保护梭梭林20万亩以上。SEE生态协会决定以前期项目经验为基础，将乌兰布和地区200万亩梭梭林纳入保护范围，作为SEE未来工作的重要方向。阿拉善SEE生态协会不仅自身致力于环境保护，还努力通过加强公众教育，提高当地民众的环境保护意识。

第五节　英雄沙坡头

沙坡头位于宁夏回族自治区中卫市区西16千米处、腾格里沙漠东南边缘。伴随着中国第一条沙漠铁路——包兰铁路的开通，中卫人民书写了半个世纪的大规模治沙历史。以沙坡头为代表的治沙成果创造了世界奇迹，1994年被联合国环保组织命名为"全球环保500佳"。由中国科学院兰州沙漠研究所中卫治沙站研发的麦草方格和五带一体治沙技术被推广到世界多个国家和地区。

沙坡头滑沙

沙坡头滑索飞跃黄河

沙坡头沙雕

沙坡头中的"客栈"

集大漠、黄河、高山、绿洲为一体的沙坡头，兼具西北风光的雄浑和江南景色的秀美，被旅游界称为世界垄断性旅游资源，被国家旅游局命名为首批5A级景区，并成功举办全国大漠健身运动会和旅游节。昔日百无一是的黄沙，在这里变成了宝：沙漠冲浪、沙漠探奇、高坡滑沙、黄河漂流，咫尺之间可领略大漠孤烟、长河落日的奇观，吸引着大批国内外游客，成为新的经济增长点。

　　浩瀚沙漠，景观无数，美丽而奇特。

　　人们到沙漠可以探险，可以旅游，可以体验……

　　治理沙漠、开发沙漠、在沙漠中创造财富者远不止这些人，个个值得尊敬。感人的事迹也远不止这些，曲曲感人至深。

　　而从沙漠旅游所得到的，绝不仅仅是视觉的欣赏，更有心灵的纯炼和情趣的陶冶，更可能因此改变人生的坐标和航程……

第七章
根治地球溃疡

　　土壤盐碱化被形象地比喻为"地球的溃疡"，是土地荒漠化的一个重要类型。全世界盐碱地面积近10亿公顷。我国的盐碱土壤面积约 1亿公顷（即15 亿亩），主要集中在东北、华北、西北的干旱和半干旱的地区，从内蒙古呼伦贝尔高原一直到淮河以北的黄淮海平原、往西直至新疆的准噶尔和塔里木盆地都有分布。面积相对较大且分布集中的是内蒙古高原的东北部、东北松嫩平原、黄淮海平原、大小黑河流域与山西大同、阳高盆地、宁夏、甘肃河西走廊以及新疆的焉耆盆地、准噶尔和塔里木盆地。盐碱地总面积还在不断扩大，给我国农业经济的发展和生态保护带来了巨大的压力。

　　其实盐碱地也是珍贵的土地资源。

　　随着人类对生态环境保护的日益重视和科学技术的不断发展，不但创造出许多行之有效的治理盐碱地的工程技术，而且已经培育出许多可直接在盐碱地上种植的植物品种，如燕麦、耐盐碱水稻、耐盐碱玫瑰、四翅槟藜、汉麻、柽柳、竹柳，等等。实践证明，通过对盐碱地进行科学治理和开发利用，不仅可以有效扩充耕地资源，增加农民收入，帮助农民脱贫致富，提高现有土

> **小贴士**
>
> 造成土壤盐渍化的因素很多，主要是在干旱、半干旱地区由于高温干燥、蒸发强烈，使没有植被保护的土地，上升水流占绝对优势，淋溶和脱盐过程微弱，造成土壤普遍积盐，形成大面积盐碱化，特别是不合理的灌溉措施，使次生盐渍化发展尤为迅速。

地的综合利用率，而且可以直接增加粮食供应，从根本上为保障粮食安全、保护生态环境做出巨大贡献。

在广袤的盐碱地上，我们完全可以再造一个粮仓！

第一节 再造一个粮仓

提到粮仓，人们脑海里总是浮现出东北平原的肥沃黑土、华北平原的滚滚麦浪、长江中下游平原的"水乡泽国"、珠江三角洲平原的沁人稻香……殊不知，在我国广袤的盐碱地上，以及西南高海拔的寒冷山区，一个个燕麦新产区正在悄然形成，燕麦以其较高的营养价值和优良的生理生态属性，正从传统小杂粮向"第三主粮"华丽转身，辽阔的荒漠化地区正在成为我国的又一大粮仓。

燕麦是世界性栽培作物，分布在五大洲42个国家，但集中产区是北半球的温带地区。据统计，21世纪初世界种植燕麦的面积约1 400万公顷，其中在我国的种植面积约为40万公顷，裸燕麦占燕麦播种面积90%。燕麦在我国种植历史悠久，主要

> **小贴士**
>
> 燕麦属禾本科（Gramineae）、燕麦属（Avena），是一年生草本植物。一般分为裸燕麦和皮燕麦两大类。裸燕麦的别名颇多，在我国华北地区称为莜麦，西北地区称为玉麦，西南地区称为燕麦或莜麦；东北地区称为铃铛麦。裸燕麦生育期较短，是长日照作物。皮燕麦是优质的饲草、饲料作物，可以改良退化耕地或草原，是广大农牧区作为饲草栽培的主要生物种之一。

集中在两个地区，一是华北、东北、西北部的半干旱农牧区；二是西南部的高寒山区。燕麦产区主要是内蒙古自治区的阴山南北，河北省阴山和燕山地区，山西省太行山和吕梁山区，陕、甘、宁、青的六盘山、贺兰山和祁连山，云、贵、川的大、小凉山高海拔地区。

燕麦脂肪含量在5%~9%，为所有谷物中

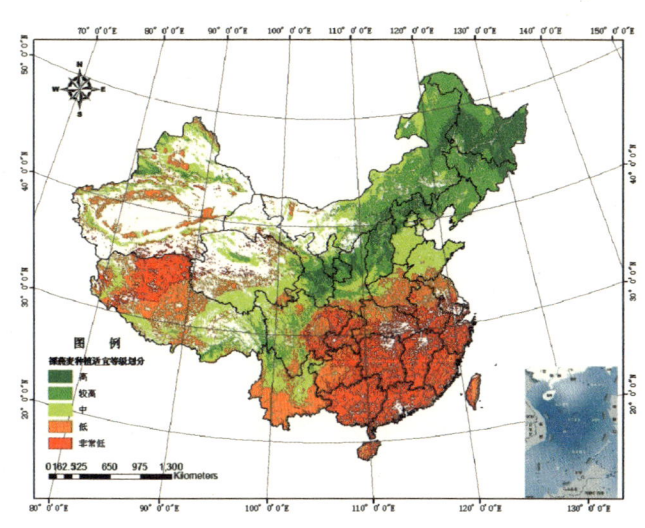

裸燕麦适宜种植分布图（中国作物填图决策系统提供）

最低。蛋白质含量在11.3%~19.9%，在粮食作物中居首位。燕麦总纤维素含量为17%~21%，且可溶性纤维β糊精含量在2.5%~6.3%，平均含量达3.6%。燕麦的淀粉含量在30.9%~32.3%，直链淀粉占淀粉总量的10.6%~24.5%。燕麦含有丰富的维生素，包括维生素B_1、B_2、E及尼克酸、叶酸等。其中维生素B_1、B_2较大米之含量要高，维生素E的含量也高于面粉和大米。同时，燕麦的矿物质含量也很丰富，包括钙、铁、磷、镁、锌、铜、硒等（李春花，2010）。1997年美国食品和药物管理局（FDA）认证燕麦为功能食品。研究证实，燕麦可降低胆固醇，防止心血管疾病，其中的功能成分β-葡聚糖能帮助平抑血糖，对防治糖尿病有益。FDA建议的每天膳食β-葡聚糖含量为3.0克，约合60克燕麦。我国心血管病专家洪昭光推荐的健康食谱中，也把燕麦作为唯一的功能谷物。

燕麦须根系，入土较深。喜凉爽湿润，亦能忍受适度高温，生育期间需要积温较低，耐土地瘠薄，耐旱，耐盐碱，田间管理简单，病虫害少。对栽培土壤要求不严格，可在多种土壤上种植，在盐碱化土壤上种植比小麦生长良好，是干旱、半干旱盐碱化地区的传统食粮。由于它具有较高的抗盐碱能力，目前被广泛认为是盐碱地改良的先锋作物，可利用沙地、荒坡地、盐碱地种植。

燕麦是粮饲兼用作物，是允许在草原草地上种植的唯一作物品种。燕麦的青茎叶柔嫩多汁，适口性好，富含容易消化的蛋白质和维生素，是上乘的青饲料。青饲燕麦可提高乳牛产奶量，其籽粒用于饲养种公畜或病弱畜，籽壳作饲料填充物可防止鸡雏羽毛脱落。裸燕麦的秸秆和籽壳中也含有丰富的易消化的营养物质，含蛋白质1.3%~3%，脂肪0.6%~0.9%，可消化纤维素0.4%~18.3%，无氮浸出物17.8%~19%，比谷草、麦草和稻草都高，是最好的饲草之一。裸燕麦对奶牛和奶羊提高产奶量也有明显作用。内蒙古后山地区用裸燕麦喂鸡，鸡肉鲜美，鸡蛋个大，蛋黄颜色好。

从1995年开始，中、加两国的科学家连续10多年合作，培育了大量优质高产燕麦品种。新培育的燕麦品种不仅具有了更强的抗逆性、更广泛的适应性和更高的质量和产量，而且在东北白城地区能实现两季种植，把我国双季粮食作物的种植界线向北推移了近1 000千米，扩大了可耕地面积，提高了土地利用效率。2001年在沙土瘠薄弃耕地进行了燕麦试种，产量达到1 585千克/公顷。2005年在向海自然保护区沙地种植，对照小麦、绿豆、玉米等作物没有收成，而燕麦长势良好，籽实产量1 500千克/公顷；干草产量3吨/公顷。在科尔沁草原的退化草地上种植燕麦，实现籽实产量1 500~2 500千克/公顷。在pH8.5~9.0的盐碱地，其他庄稼难以生长，种植燕麦实现籽实产量1 500~2 500千克/公顷，同时收获干草3~4吨/公顷。

传统裸燕麦的加工工艺复杂，素有"三熟"（煮熟、炒熟、蒸熟）之称，操作技术难度大。而现代加工工艺可将裸燕麦、皮燕麦加工成燕麦米，以30%~60%的比例掺入到大米中，制作成色泽悦人、十分可口的燕麦米饭；将燕麦加工成燕麦面粉，可以30%~60%的比例加入到小麦面粉中，用于制作各种面食（面包、馒头、面条等）甚至方便面。新的混合型米饭、面食食用无消化不良之虞。加拿大农业部中

盐碱地上的燕麦（熊友才摄）　　　　　干旱地上的燕麦（熊友才摄）

加农业合作首席执行官周坚强先生提出燕麦是"第三主粮"的概念,更为燕麦产品走进千家万户、走向大江南北提供了理念指引和可靠通道。许多燕麦产品已陆续问世,如燕麦米、燕麦面粉、燕麦麸皮、燕麦片、新型燕麦混合米米饭系列、新型燕麦混合专用面粉系列、新型燕麦麸皮混合专用面粉系列、高附加值产品(燕麦活性抗氧化物质、医药、化妆品原料)、新型家畜优质饲料等。

针对燕麦具有的耐盐碱特性,内蒙古农业大学、山东省农科院等多个科研机构进行了燕麦的耐盐碱栽培试验,发现燕麦可在pH9.5、含盐量高达2%的土壤上生长。在盐浓度为0.2%时燕麦产量最高,较对照高0.62%。专家们还提出,播深为5厘米比较适宜燕麦盐碱地出苗和生长。中国治理荒漠化基金会于2007年在吉林省西部通榆县pH9.5~10.0、几乎寸草不生的盐碱地上组织进行了6 000多亩的大面积燕麦种植试验,在极度干旱的条件下获得成功,燕麦生长良好且获得有经济价值的籽粒和饲草产量。正是这一次极具说服力的大面积盐碱地种植试验,实际验证了燕麦作为治理盐碱地的先锋作物的作用,使得燕麦产业与治理荒漠化的神圣使命结合起来,迎来了前所未有的发展机遇。

周坚强用"一箭五雕"来总结发展燕麦产业具有的多方面特殊意义:①有利于保障我国生态安全;②有利于保障我国粮食安全;③有助于增加农牧民收入,帮助解决"三农问题";④有利于促进我国农牧业结构调整和农业持续发展;⑤有利于提高国民身体素质,保障人类健康。

可以预计,在未来若干年内,燕麦产业在中华大地将得到前所未有的飞速发展。

第二节 盐碱地上稻花香

在我国,有一批企业和个人,多年以来孜孜不倦地进行盐碱地水稻育种和种植试验,并取得巨大成功。吉林九穗禾生态农业有限公司就是其中的典型代表之一。

吉林省西部是东北地区苏打盐碱化最为严重的地区,面积约96.90万公顷,是世界三大盐碱地之一。白花花的盐碱地,千百年来洪水猛兽般吞噬着这里的绿色和生存在这片土地上的人民的希望。生态环境的恶化和不断蔓延,加剧了吉林西部人民的贫困程度。向盐碱地宣战,就是向贫困宣战,就是向希望进军。九穗禾公司就是在这样的大背景下开始了向盐碱地要粮的艰难跋涉。

在盐碱地上开垦稻田,让昔日寸草不生的盐碱地稻米飘香,第一要解决的难题，就是必须要有能够在盐碱地上顽强生长的种子。为此，研发抗盐碱的水稻品种，也便成了首要的目标。在农民育种专家李勇赋的带领下，经过十几年的反复试验，终于突破重重困难，初步育成了独特的长粒、香型、高产、优质、耐盐碱的优良水稻品系。该公司自主研发的"九穗禾""中华一品香""德润生"优质绿色有机品牌大米深受市场喜爱，不仅成为航天员特供米，还成为吉林省的优质品牌大米。其中"赋育333"优质水稻良种，耐盐碱、耐低温、不倒伏、抗逆性强、抗病力强，与其他长粒粳稻品种相比产量提高15%~20%，已通过吉林省农作物品种审定委员会审定，并在全省推广。其显著的经济效益得到了农民种植户的广泛认可和高度赞誉，使其独具优势。

实践证明，"赋育333"的优势已经成为向盐碱地要绿色、要粮食、要人民富裕的一面旗帜，在治理盐碱地的征战中立下了不可磨灭的功勋。白城地区的镇赉

县,是一块非常典型的盐碱地,pH值大于8,有的甚至大于10。在这片连草都不长的土地上种植水稻,过去,对于这里的农民来说简直是天方夜谭。可就是在这样恶劣贫瘠的盐碱地上,如今却掀起了神奇的稻浪,绿意盎然的田野和金秋之后的丰收,为这里的农民带来了空前的喜悦。该县大五家子村农民王秀生激动地说:"我的这块稻田盐碱度特别大,是过去村民们抹房子到这里来拉土的地方,是典型的托坯坑子,以前别说种水稻,连草都不长。现在种上了'赋育333'水稻,改变了我们的命运,盖房子、给儿子娶媳妇再也不用愁了。"

镇赉县凯宇种植专业合作社有社员4 700余户,位居全国之首。该社为了帮助种植户掌握"赋育333"品种的特性,在水稻苗期,组织农民进行了对比。2009年6月20日,水稻插秧后的十几天,一场七八级大风,人在稻池埂上都站不住。大风过后,其他品种水稻很多都被刮倒漂秧了,可"赋育333"因为根系发达,却昂首挺立,安然无恙。这一年,该社在分布于沿江镇、大屯镇、嘎什根、五棵树、四方坨子等五个乡镇的4 500多亩种植"赋育333"的示范田,均获得了从未有过的大丰收,平均公顷产量达1.6万斤,最高公顷产量达2万斤,种植户每公顷地平均增加收入5 000元以上。黑龙江省泰赉县宁姜蒙古族自治县新江村种地户张旭2009年、2010年连续两年带动周边种地户种植"赋育333"水稻品种,获得大丰收。2010年张旭本人种植两公顷,秋后公顷产量达到2万斤以上。与同等地块种植其他品种水稻相比,"赋育333"品种水稻产量较其他品种水稻产量每公顷高出3 500斤左右。

目前,九穗禾公司培育的"赋育333"水稻良种种植面积已达上万公顷。预计在未来的两三年内将突破50万亩大关。

现在,公司已具备了千万斤种子生产能力、万吨肥料营销能力、万吨稻米加工能力。在长春市卡伦湖旅游开发区建立了180亩生态果木观光园和水稻、玉米、大豆种子研发基地。在镇赉县建立了3 000亩水稻良种繁育基地、1.2亩绿色有机水稻种植基地、100亩耐盐碱水稻研发基地、300亩科学种田示范基地。并且在辽宁、海南等地也建立了育种实验基地。

2009年该公司参加区域试验的"赋育132""赋育99"新品种,在实验田公顷产量已经突破2.5万斤,且品质优良,具有良好的发展前景。在公司储备的待审品种中,通过航天育种方式选育的"实践8号"水稻育种品系,共有4个品种,在科研试验田表现优异,公顷产量有望达到3万斤,前景十分广阔。目前,公司拥有上千份优良育种材料,完全可以满足每年选育新育种材料60份、新品系2个,在2011年前培育出2~3个新品种的育种目标的需要。耐盐碱水稻新品种的研发成功,必将为吉林省西部粮食增产、农民增收发挥重要作用。九穗禾公司还在农业技术服务方面努力构建全方位、多元化的服务体系，确保及时为农民解决农业生产技术难题。根据不同种植区域的水稻栽培特点，为农民制订了植物营养套餐施肥方案。该方案方便、省工、省力、省时，最大限度地实现了降低成本、增产增效、降解药害、改良土壤、防病抗逆、改善品质、生根提温、促进早熟的目的。良种加良法，保证了农民在降低投入的同时实现了增产增收。

山东的朱培坤是又一个让盐碱地飘满稻花香的农业科技工作者。朱培坤早在2008年就在山东东营著名的花斑盐碱地种植大米草—水稻自交系（F6）获得成功，亩产达到373千克（干重）的好收成。进而他提出新的方法对大米草—水稻（F8）在极严重盐碱田进行抗性筛选，采取不插秧、直接在极重盐碱田撒播大米草—水稻谷种的方式，使过去寸草难生的盐碱地如今可长水稻。由东营市土壤和肥料工作站对垦利县垦利镇七村极重盐碱田块的土壤采样化验，结果显示土壤的全盐值达到3.636%。

到目前为止，朱培坤已用染色体杂交技术培育出了30个杂交农作物的品种。在深圳第10届高交会上，朱培坤带着他的"大米草—水稻""高粱—水稻"和"小麦—玉米"等研究成果在龙岗科技展区亮相，一时间引起了各方关注。朱培坤强调："这些不是转基因产品，而是天然染色体杂交的产物。"直观地说，在盐碱地上产粮食，就是在水稻中添加适应在盐碱地上生长的大米草基因，与其进行染色体杂交后，带有大米草这种生长特点的水稻就能够在盐碱地种植了。其米粒饱满，色泽光润，气味清香，营养丰富，氨基酸、维生素和微量元素含量均高于普通大米；盐碱地赋予了大米先天的碱性，煮制后，米饭色泽晶莹，软筋香甜，香醇可口。更重要的是其本身就是地地道道的纯绿色食品！

朱培坤的这项研究开启了高等植物群体基因改造的时代，不仅能创新农作物的品种、有利于改善落后地区人口普遍存在的营养匮乏现状，而且还能增加粮食产量。有国外科学家认为，朱培坤的研究成果将有可能引发第二次"绿色革命"。然而朱培坤说，他还有更远大的目标：不仅要在盐碱地上种粮食，而且要在盐碱地上实现高产。为此，他的团队已经和袁隆平院士的实验室接洽，以便盐碱地上长粮食这项技术和袁隆平院士的高产技术结合起来，实现量产甚至高产，其对世界农业的意义将是重大的。

农业部2009年11月启动了"盐碱地农业高效利用配套技术模式研究与示范"项目。此举将全面形成利用我国上亿亩盐碱地的整体技术能力，大幅度提高盐碱地生产力水平和农业生产效率，增加后备耕地资源储备。

第三节 绽放的红玫瑰

玫瑰花是爱情和美好的象征。在盐碱地上种植玫瑰,更是对大自然爱的体现。

玫瑰家族新奇葩——耐盐抗旱玫瑰是一个二次杂交育种又导入抗盐碱基因的新品种。科研人员先用野蔷薇与传统玫瑰杂交,形成一代杂交品系后,再与玫瑰进行二次杂交育种,之后又用生物转基因技术导入了抗盐碱耐干旱基因。耐盐碱玫瑰具有三季开花、冬季观枝、玫瑰芳香味浓郁等特点,其花期从4月下旬一直到10月下旬,北方花期160~180天,华南地区花期200天左右,花朵直径8~12厘米,花瓣多

> **小贴士**
>
> 玫瑰为蔷薇科、蔷薇属(Rosa rugosa)落叶直立丛生灌木。其花单生或簇生,花有不同颜色,花朵有单瓣与重瓣之分。多数玫瑰品种只在夏季开一次花,花的香气比月季浓郁得多。我国是玫瑰野生种质资源的原产地,多年来我国培育了很多玫瑰花品种,也从国外引进了不少新品种,主要用于玫瑰花生产和深加工。它既是重要的产业化种植加工、水土保持、防风固沙治碱植物,也是香水、化妆品等化工产品的香料来源和食品、饮品工业的重要添加原料,还是深受人们喜爱的园林观赏植物和珍贵的中药材,是集观赏、绿化、药用、美容、美食于一身的名贵花木。

(毕琰玉提供)

层,花形犹如牡丹花,华丽富贵。花色包括粉、红、黄、白,株高1.2~1.6米,冠幅1.5~1.8米。冬季枝条紫红色,具有媲美红瑞木的观赏效果,可作为中下层植物进行配置,亦可孤植作为小面积绿地主景或私人花园主景,也可丛植或片植,形成极具冲击力的花海或大片红彤彤的枝干景观,还可作为绿篱、绿化隔离带植物材料。

耐盐抗旱玫瑰具有突出的耐盐碱、抗干旱、耐寒、耐热、耐涝等特性,经在不同盐碱地区栽植试验表明,在滨海土壤含盐量为6‰~8‰、内陆土壤含盐量为10‰~15‰、pH值9.5左右的盐碱地生长良好;在干旱贫瘠地区60天降雨为零时能正常存活,在降雨量低于300毫米的地区生长正常;在零下38℃地区无冻害、能安全越冬;在华南南部地区生长更快,花朵更大,能四季开花;降雨量800毫米以上、低洼涝湿地区表现良好。对气候和地域适应性广泛,在我国南、北方广大地区皆宜种植推广。

建设生产花、蕾的玫瑰基地,栽植两年开花、四年进入盛花期。定植后第二年亩产鲜花达300千克,第三年亩产鲜花达500千克,采取高产栽培措施在肥沃土地亩产鲜花可达700~800千克。按近两年鲜花收购价每千克8元计算,每年每亩鲜花纯收入3 000元以上。建厂进行玫瑰精油及其他产品加工,每亩年加工利润为4 000元以上,产品国内外市场缺口大、销售渠道畅通,投资风险小、收益大。

该品种四季皆赏(冬季赏枝)的特点,可广泛应用于城乡绿化、旅游景点、公路绿化等领域，无论片植、列植、丛植、点植，还是配植混植，均有意想不到的效果。特别是在山地、风景区结合水土保持大量配植，可以打造独特景观。该玫瑰的浓郁香气可填补月季的有花无香，是取代月季的好品种。作为难得的园林绿化首选品种，推广应用前景十分广阔。

该品种玫瑰繁殖容易，采用硬枝或嫩枝插繁殖，成活率较高。可在秋季落叶后或春季萌芽前进行移栽，初冬零度左右也可移栽，春季冻土融化也可栽植，安全越冬性好。

耐盐碱玫瑰不仅是一个优秀的盐碱地绿化植物对改良土壤有益，其多季开花、产量高、出油率高的特性，也使该品种可开发出玫瑰精油、化妆品、保健品等高附加值产品，具有显著的经济效益、生态效益和社会效益，得到中国治理荒漠化基金会的大力扶持。

第四节　汉麻开创时尚生活

汉麻种植和综合加工利用技术的突破，颠覆了传统纺织的概念，开创了一个全新的生态、健康、时尚纺织品时代。

汉麻又称大麻、火麻、魁麻、线麻等，现在统称为汉麻，属桑科，是全球性广泛种植的一年生草本植物，原产于黄河流域，距今已有8 000多年的种植历史，因此被誉名为"国纺源头，万年衣祖"。汉麻在历史上曾被用来织布，但由于其纤维含果胶质、木质素高，因此长期以来都被用于捆扎绳索和纳鞋底，处于初级利用阶段。但在20世纪90年代后期，通过运用织造新技术，发现了汉麻在纺织面料中的绝对优势，而且，随着国际上自然、绿色消费观念的盛行，汉麻纤维逐渐被重视起来，欧美专家称之为"人类迄今为止发现的最完美的纤维"，从此汉麻的命运发生了历史性的转机。

汉麻含有多种特有的化学成分，使其具有较强的抑制杂草和害虫的功能，因此在汉麻的种植过程中不需要使用除草剂和杀虫剂。与其他天然植物纤维相比，其最大的优点在于对土地的种植要求较低，适合于山坡地、荒地和盐碱地，所以不占用耕地，是一种生态友好、经济实用的纤维资源。

一株汉麻含有460种以上的化学物质。早在几千年前，草药医师已经开始用汉麻止痛，治疗类风湿性关节炎、惊厥、青光眼、癌症化疗引起的恶心与呕吐、爱滋病引起的消瘦症、多发性硬化症、中风后遗症，还可以防晕止吐。

(张建春摄)

　　汉麻籽含有20%～25%的蛋白质，25%～35%的油脂和20%～30%的碳水化合物，同时还含有相当数量的维生素和矿物质。汉麻籽蛋白含有21种氨基酸，其中包括人体所需的8种必需氨基酸，汉麻蛋白非常容易消化，许多营养学家认为可治疗营养不良。不含胰蛋白酶抑制因子，不会阻碍蛋白质的吸收；不含大豆中的一些低聚糖，不会造成胃胀和反胃；汉麻籽蛋白也不含任何已知的致敏物。在任何一种食谱上都可以用麻籽油代替其他的食用油，其不饱和脂肪酸含量超过80%，这对于降低胆固醇，保持动脉的弹性和通畅能起到非常重要的作用。其中十七酸和亚麻油酸极其珍贵，其价值超过橄榄油。

　　汉麻籽还是提炼生物柴油的原料。1941年，美国福特公司已将从汉麻中提炼出的柴油用于驱动汽车。汉麻油催化加氢和酯化合成生物柴油，不仅热值高于汽油，而且不含硫、无黑烟、无异味。

　　汉麻的结构决定了其具有良好的穿着和使用性能。汉麻纤维中的长纤维可用做纯纺材料，短纤维可用做混纺材料，落麻可用做非织造布，杆芯纤维可用做复合材料。汉麻存在毛羽长、单纱细、强力不均匀及弹性小等缺陷，为了做到优势互补，所以常与棉混纺加工，被公认为"天然纤维之王"。

　　用汉麻纤维做成的面料柔软舒适，手感柔软。对皮肤无刺痒感，而且有益于身体健康。不会摩擦起球和吸附灰尘。汉麻纤维的中空多孔结构使其比表面积增大，同时多角形中的腔和表面裂纹使其具有很好的透气性，制成的纺织品有较高的空隙率。透气性比棉纤维高两倍左右。汉麻纤维具有优异的吸湿排汗性能。它的吸湿性是棉花的2.5倍，用汉麻纤维制作的服饰不仅吸湿强而且干得快；而用棉花做的服装干得较慢。强烈的吸湿性破坏了细菌赖以生存的潮湿环境。

汉麻纤维分子排列取向度好，产生静电能力极低，因此，汉麻织品能够避免静电给人体造成的危害。汉麻纤维含有多种活性酚类物质，这些物质对金黄色葡萄球菌、大肠杆菌、白色念珠菌等有明显的杀灭和抑制作用。另外，它在自然情况下可以吸附较多的氧气，使厌氧菌的生存环境受到破坏。这就是它抗菌性较强的原因。汉麻纤维能屏蔽95%以上的紫外线，是目前已知的防紫外性能最佳的天然纤维，对人体有很好的保护作用。

汉麻纤维的耐热性比其他面料高很多。在受热时强度总体呈下降趋势，但当处理温度在200℃以内、处理时间小于30分钟时，纤维强度基本可保持在80%以上，基本不失重，颜色不变。

汉麻纤维还具有消音吸波的功能。

对健康和环保的关注已成为当今时尚的主题。汉麻的天然特性顺应了时代潮流，成为当今时尚消费的最佳选择。而传统的棉、羊毛、涤纶、塑料、橡胶等原料的应用却越来越受到限制，棉纤维的耐磨性和抗菌性差；羊毛价格昂贵；涤纶、塑料、橡胶来源于石油，资源耗费大、不易分解和回收，因此这些原料逐渐被性能优良的汉麻纤维所取代。

中国的汉麻产量约占世界的1/3，居世界第一位，而且我国的汉麻纤维研发技术在国际上处于领先水平，已成功研制出机械脱胶软麻设备和生物脱胶工艺技术，不仅保持了汉麻纤维原有细柔舒适的优良性能，而且改进了汉麻纤维长度的纺纱性能。利用改良后的汉麻既可以纺出优质纯汉麻纱线，又可以与棉、莫代尔、莱赛尔等其他纺织原料混纺，生产出高品质的汉麻混纺纱线。同时由于汉麻纤维产品具有吸湿、透气、抗紫外线、抗菌、抗异味等多种特性，其应用将被广泛渗透到工业、农业、军工、食品、医药卫生、建筑等领域，涉及人类的衣、食、住、行、用等各方面。

全球对麻类纤维织物的需求量以每年15%～20%的速度递增。中国是世界上最大的纺织原料消耗大国。为了实现可持续性发展，我国准备在几年内开展10~16个66.7万公顷的汉麻种植示范园区，5~10年将扩种到6.7万公顷，每年可产汉麻纤维100万吨，代替木材500万吨，既减少了对非再生资源的依赖，又加强了对再生资源的开发和利用。

第五节　神奇竹柳　速生树王

　　2008年江西瑞金叶坪乡钟洪明因受经济不景气影响，放弃了广东商铺，回家另谋发展。回到家的钟洪明看到家乡有不少荒地、荒滩，又了解到国家在林业方面的优惠政策，于是便萌发了在荒地种树的想法。如今，在他成功经验的指导下，瑞金已有150多名返乡农民工实现华丽转身，当上了林场主。他们在大约300公顷的荒山、荒坡、荒滩上种植了大片以竹柳为主的速生树种，使这些昔日撂荒之地披上了绿色华服，同时也带动了当地木材加工、旅游等产业的发展。

　　竹柳最为显著的生物学特性是生长快。1年生苗高可达5~8m，地径6厘米左右。4年时单株高度可达15~20米，胸径30厘米以上，是速生杨的3~5倍。4~6年可轮伐或齐伐，因此被称之为"速生树王"。

　　竹柳可高密度栽种。栽植后不蹲苗，每亩栽500~600株，如用作纸浆材料，每亩可栽植2 500棵，土地利用率高。

　　竹柳适应性极强。竹柳可生存在土壤pH值为8.0~8.5、含盐量为0.8%的重盐碱地区。抗寒、抗高温、抗旱、抗涝、耐贫瘠等各方面的表现也远远超过其他速生树种。海南岛琼海市进行竹柳抗台风种植试验，结果无一例断折，说明它的抗压、抗弯、抗拉能力明显优于其他所有树种。该品系还对柳树的叶锈病、茎秆溃疡病及花叶病等病症均有良好的抗逆性，对透翅蛾及柳干象等病虫害的侵蚀能力也有较强的

> **小贴士**
>
> 　　竹柳属杨柳科、柳属，乔木，树高可达23米以上，胸径1米以上。树冠较窄呈塔形，分枝均匀，侧枝较细。它是通过美国寒竹、朝鲜柳和筐柳组合杂交选育的杂交品系，因此具有多种植物的优良遗传基因，易繁殖，成活率高，生长快，产量高，材质好。是一个亟待开发的优质超速生新能源树种。

抗性。

竹柳木质细密结实、不空心、不黑心，从边到心色度均匀、洁白，是制造胶合板、纸张和优质框架的上等材料。木材得浆率高达90%~95%，且原料耗损低（用碱量仅为4%），加工温度低、压力低，既降低了生产成本，也大大降低了污染负荷。又因其树干修长匀称、材质优良等特性，可作为很好的建筑、建房用材。

竹柳可防风固沙，还是"吸毒解毒"能手。竹柳的整个树体主干通直，冠形较窄，上部枝条斜上生长，下部枝条垂近地面，根系发达，能起到固土护岸的作用，是很好的水土保持树种。竹柳在工业污染严重的地方种植，将城市产生的污水排放到竹柳林中，经竹柳过滤吸收，不仅可以消除大部分氮、磷、钾，而且还能分解土壤中的重金属成分。

竹柳还是能源树种。竹柳的热值高、碳氮比高、生物量高，其木材或碎木屑通过物理或化学方法加工成小颗粒燃料，这种燃料可供生产乙醇、合成液体燃料、生物质氢能源、生物基材料，以及用于生物质发电。

竹柳还具有观赏价值。竹柳独特的外观使其成为一种很好的观赏树种，可栽种到道路两旁、公园、别墅、铁路等用以美化风景，尤其在江河、湖泊、滩地旁以及庭院种植更具优势。

种植竹柳经济效益显著。栽种速生杨一个生长周期要10~12年，而这个时间可种植竹柳两批，每年每亩收入可达上万元，经济效益惊人。培育小苗进行种苗销售，每亩可种植1万株幼苗，一年可繁殖3期，平均每亩产值为1.2万元。

近年来，我国不少地方已掀起了一股栽植竹柳的热潮。例如，在山东东营、天津大港等地的盐碱滩涂上已试验种植竹柳，结果表明各项指标表现良好，与同地区非盐碱地差异不大。在华北、东南地区大面积种植，短时间内提高我国木材的供给能力和木材质量，有效缓解木材供需矛盾，真真切切地实现了经济发展与环境保护的同步。

可见，竹柳的生态效益、经济效益和社会效益都十分显著。放眼未来，竹柳一定会在中国的广袤无垠的大地上遍地成荫！

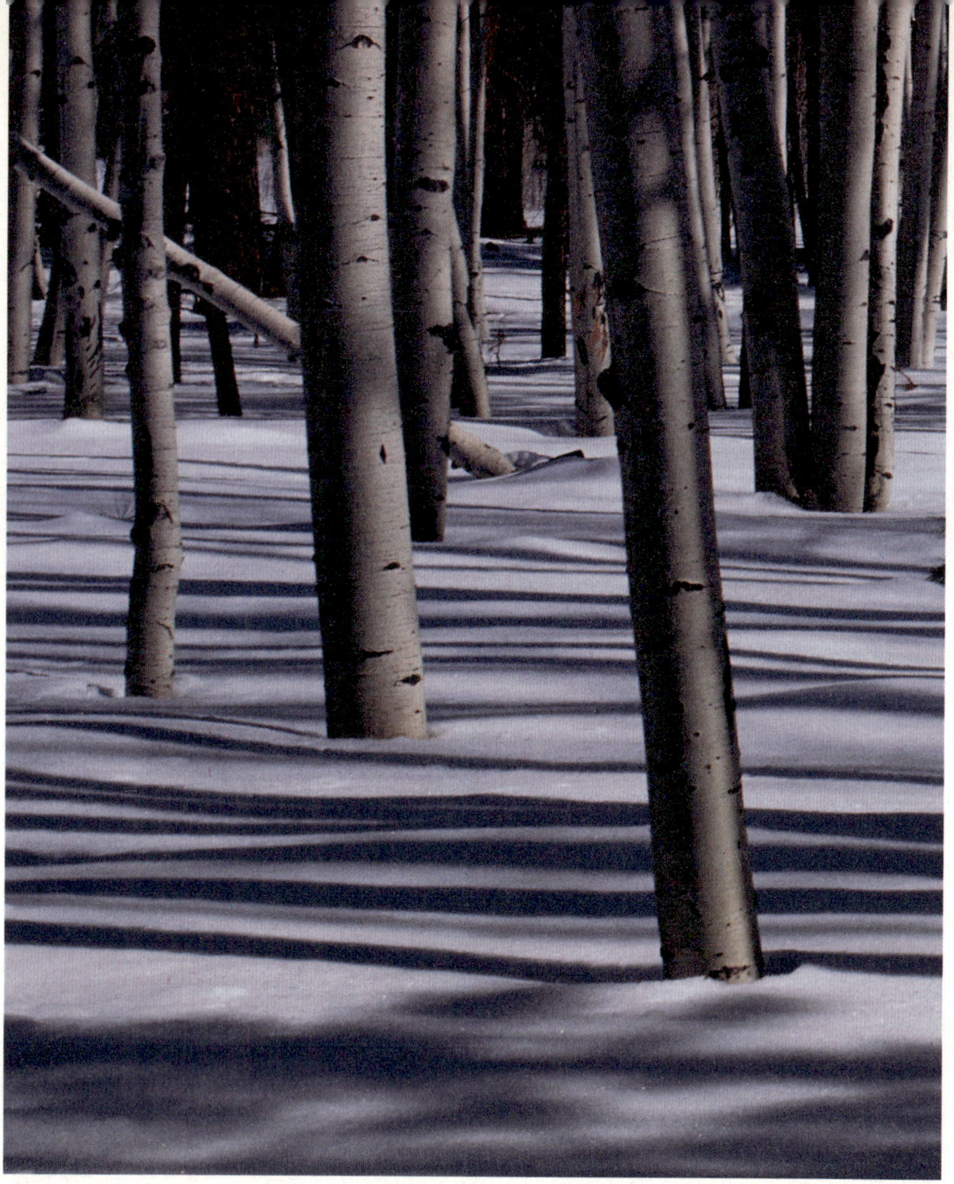

第八章
为大动脉止血

"力争用15~20年的时间，使全国水土流失区得到初步治理或修复，大多数地区生态与环境趋向良性循环；严重流失区的水土流失强度大幅度下降，所有坡耕地均采取水土保持措施，70%以上的侵蚀沟道得到控制，下泄泥沙明显减少；全国范围内的人为水土流失得到有效控制，开发建设项目水土保持"三同时"制度落实率达到100%，在98万平方千米的水土流失重点预防保护区实施有效保护。"这是我国提出的近期防治水土流失目标。生物措施是达成这一目标的优先手段。

第一节 "维C之王"沙棘　保水固土先锋

沙棘，属胡颓子科，落叶灌木或小乔木。与喜马拉雅山同龄，起源于距今2亿年前新生代的第三纪，是地球上最古老的植物之一，比银杏（1亿年左右）还要古老。其适应性强，耐旱耐寒抗风沙，不择土壤，无论干瘠、水湿及盐碱的地方都能生长。有人试验，沙棘能耐60℃的地面高温和-50℃的严寒，在pH值9.5

沙棘（熊友才摄）

的高碱土和含盐1.1%的高盐土上也不会死亡。

　　沙棘被称为生态建设的先锋，是保持水土的天然堤坝和防风固沙的绿色屏障。沙棘根系发达，枝叶茂密，成年树高一般为2~2.5米，最高可达15米，冠幅在1.5~2米。地上部分像把伞，减少暴雨直接击打地面，阻止地面冲刷；地下部分像张网，有力地促使新淤的土壤迅速固结，牢牢固持住土壤，形成冲不垮的沙棘植物坝。一丛沙棘，就是一个蓄水池。沙棘繁殖能力强，一般情况下，每亩60株沙棘，7~8年后，可自繁到1 000~2 000株，密度增至数10倍。沙棘林带防风固沙的有效范围一般可为株高的20~25倍，沙棘林内每年可固沙积沙5~10厘米厚，且沙棘在沙砾上可以生长，久而久之，荒沙地上会由于沙棘丛生而形成一片绿洲。

小贴士

　　沙棘具有根瘤，可以固氮，且其固氮能力比豆科植物还强。通过沙棘根系自身的穿透、挤压、胶结，死根的腐烂等作用，可改良土壤结构，增加有机质和土壤肥力。据测定，1亩沙棘林一年能固定氮12千克，相当于25千克尿素。沙棘根瘤除固氮作用外，还有吸水、使土壤有机物矿质化、变难溶解的无机及有机化合物为固化形态的机能。沙棘叶内含有0.573%的氮和大量有机物质，落叶后的腐殖质可以增加土壤肥力，而且还具有良好的改良盐碱土的作用。可以说，一丛沙棘林，就是一个小型氮肥厂。

沙棘浑身是宝。沙棘的果实汁多味美、酸甜，营养丰富，既可直接食用也可用于制作饮料。据研究，沙棘果实共含有200多种生物活性物质，特别是富含多种维生素和有机酸，其中维生素C、E、K1、β胡萝卜素4种维生素含量是柑橘的14倍、猕猴桃的3倍，被称为"天然维生素之王"。沙棘果汁中含有7种黄酮类化合物，主要包括白花青素、儿茶素、黄酮醇和少量的黄烷酮等。从沙棘叶、果和油中已分离出几十种三萜、甾体类化合物。沙棘果肉和果汁中含有种类齐全的氨基酸，包括人体所必需却不能合成的8种氨基酸。沙棘中所含的多酚类化合物包括乌素酸、香豆素、β-香豆素、酚酸类等。沙棘中含有苹果酸、柠檬酸、酒石酸、草酸和琥珀酸等多种有机酸类，以及果胶、丹宁等成分。目前已知人体所必需微量元素为14种，沙棘果汁含有其中的11种。磷脂（包括卵磷脂、脑磷脂、磷脂酰肌醇、磷脂酰甘油）的含量约占沙棘果实重量的0.5%左右，还含有0.09%~0.36%的甘氨酸的氨基酸甲基化产物——甜菜碱。沙棘茎皮和沙棘果中含有5-羟色胺，这在植物界中是罕见的。沙棘中还含有5%~10.5%的糖类，以葡萄糖和果糖为主。沙棘树皮可提栲胶，用以鞣革。木材材质坚硬，适于制小农具、多种器具和工艺品等。

沙棘是一种十分珍贵的药用植物，既可以制成各种药品，又可以制成各种功能食品和其他产品。沙棘对于治疗和预防各种疾病、强身健康、延年益寿，有着特殊重要的功能和作用，被誉为"人类的健康卫士"。主要表现在对心脑血管系统、免疫系统、呼吸系统、消化系统疾病有预防和治疗的作用，抗肿瘤、抗癌、抗炎症、辐射损伤，对烧伤、烫伤、刀伤和冻伤有治疗作用，降血脂，对肝脏等的保护作用，健脑益智、促进儿童生长发育，以及对眼科疾病的治疗作用等。据史料记载，公元1200年，成吉思汗率兵远征赤峰，很多士兵疾病缠身，食欲不振，没有战斗力。此时，道家宗师丘处机根据当地丰富的沙棘资源以及唐朝医书《月王药珍》中的记载，向成吉思汗开出了一种以沙棘为主的药方。成吉思汗让众将士服用，不久，将士兵们的疾病霍然痊愈，个个食欲大增，身体越来越强壮。成吉思汗便视沙棘为"长生天"赐给的灵丹妙药，将其命名为"开胃健脾长寿果"和"圣果"。在近代，地处边远地区的藏族、蒙古族同胞仍用沙棘来治疗各种常见病。

沙棘所含丰富的营养物质引起了国际科技界和企业界的重视，利用沙棘为原料，人们开发出了多种"天然、绿色、营养、保健"的沙棘饮料和保健食品。近些年，食品、保健品、药品和化妆品行业对各种天然沙棘高营养原料和半成品，如沙棘浓缩汁、沙棘果粉、沙棘油、沙棘黄酮、沙棘多糖、沙棘黄色素等的需求成倍增长。一些国内外知名企业如可口可乐、雀巢、宝洁、养生堂、天狮等都在进行沙棘产品的研发，并已推出多个沙棘相关产品，备受消费者欢迎。国际市场对沙棘产品的需求持续旺盛。特别是在发达国家，沙棘饮品已成为日常养生保健的最佳饮品。

沙棘以美丽宽广的青藏高原为故乡，分布于以中国北方和中亚为中心的20多个国家。中国沙棘植被总面积居世界各国之首，占世界的95%。世界上最大的天然沙棘林集中分布在中国。中国的沙棘主要分布在"三北"（东北、西北、华北）地区，垂直分布可达海拔2 800米，累计沙棘植被面积（野生加种植）达2 000万亩。

中国是世界上利用和研究沙棘最早的国家，有文字记载的研究利用沙棘已经有1 200多年的历史。现在，沙棘作为生态产业来发展，具备良好的生态效益、经济效益和社会效益，备受各地政府和企业的推崇。新疆、青海、宁夏、内蒙古、河北、山西、陕西等省区的沙棘资源较为丰富，种植和加工均已形成规模。在内蒙古鄂尔多斯高原，建成了东胜沙棘产业加工园区，企业通过市场化运作，以公司带基地联农牧户的形式，合理开发利用沙棘，形成沙棘产业种植加工链，调动了农民种植沙棘的积极性。目前仅东胜区每年从事沙棘种植及销售的农户就有2 500多户、6 000多人，人均年增收近千元，实现了荒原增绿、企业增效、农民增收的多赢效果。

可以预见，沙棘产业正在迎来一个新的发展高峰。

第二节　中华欧李　谁与争锋

欧李原产于黑龙江、辽宁、内蒙古、河北、山东、山西等省份，是中国特有的灌木型野生果树品种。其株高一般为0.5~0.7米，是目前世界上已知最矮小的木本果树。中华欧李作为欧李的一个主要品系，起源于中华民族发祥地之一的山西省南部中条山及陕西省中部华山一带，故此得名。中华欧李果形似樱桃，含钙奇高，故此又俗称钙果。

中华欧李具有抗干旱、耐贫瘠、易成活、结果早、产量高等特点，在年降雨量200毫米以上的地方均可生长，特殊干旱年份仍可开花结果，且具有旱时避旱、雨季蓄水的生理功能，是"节水持家"的能手。其叶片小而厚，气孔小但密度大，干旱时，叶片上的气孔处于关闭或半关闭状态，从而最大限度地减少水分的散失。

中华欧李当年栽植，来年即可挂果，第三年进入盛果期。果实具有耐旱而且不易脱落的特点。即使在旱季也可开花坐果，待雨季到来时，庞大的根系迅速吸收雨水并集中供应果实。短短10~20天内，果实会膨大到原来的8~10倍。果实成熟后，由于果柄与枝条、果柄与果实之间不产生离层，非特大风暴，一般不会落果。

中华欧李根系非常发达，根冠比高达9∶1，居所有植物之首，是固土保水的能

手。其庞大的根系纵横交织，集中分布在20~100厘米的土层内，部分根系向纵深处延伸，最深的可达1.5米，最终形成一个密集的网状结构，将植株周围0.5~1平方米土层中的土壤紧紧包住。加之枝繁叶茂，大大减少了雨水对地表的冲刷，从而有效阻止表层土壤被风刮走和被雨水冲刷流失。在坡度大、光照强的地方，固土保水作用更强。

中华欧李繁殖速度快，生长迅速，从种子播种到形成新的种子仅需16个月，一棵植株两三年内就可覆盖1平方米左右的地面。通过基生芽萌发生成的欧李枝条当年即可形成花芽，次年一开春便结出成串的果实。每串果实通常重达500克。若水肥条件较好，一串果实可达1 000克以上。按照每亩定植1 000株、每株保留一串欧李果实计，每亩年产鲜果至少500千克，正常情况下应该是1 000千克。在华北一些

小贴士

根冠比指的是植物地下部分与地上部分的鲜重或干重的比值。根冠比的大小反映了植物地下部分与地上部分的相关性，高的根冠比是植物根系机能活性强的充分体现。简而言之，根冠比越高，表明其根系越发达；而发达的根系则是植物固持水土的有效手段。

地区，深秋初冬气温偏高时，已经准备越冬的枝条上常常开花结果，表明中华欧李还具有反季节生产的能力。

中华欧李是一种极其耐寒、抗病虫的灌木树种，适应环境能力极强，可耐-35℃低温，可在平地、山坡、荒漠化土地等pH值8.5以下的地区种植，也可以在乔木果树行间、梯田地边种植。在干旱山区所做的地表径流试验表明，中华欧李栽后第二年可使地表径流和泥沙大幅度减少，这主要是密集的枝丛及地表叶片叠加，增加了对雨水径流阻力，水大部分渗入土层从而涵养了水分。定植3年后的中华欧李可达到一般树木10年的固沙固土保水效果。在我国"三北"地区，风大沙多，春旱期长，雨季集中，中华欧李不仅可有效成活，而且还可利用集中雨季而获高产，在我国南方泥石流多发地区，欧李庞大的根系还可有效地护堤护坡，是林业部门力推的适合干旱贫瘠环境、治理荒漠化、防治水土流失最好的生态树种之一。

中华欧李株丛小，花朵密集，花团锦簇，花形与樱花相似，开花季节，每个枝条上数百朵花竞相绽放，成片的中华欧李其景色蔚为壮观。用中华欧李作盆景，其株型紧凑，果实艳丽，既可观赏，也可食用，一举两得。利用不同花色的欧李，在庭院、公园、街道、高速公路两旁等地栽植花坛或者花篱，可以春天观花、夏天赏叶、秋天品果，形成独具特色的旅游景观。由于中华欧李每年开花时间较一般植物早10~15天，大面积种植欧李，可使那些干旱沙多风大地方的旅游季节提前。

中华欧李经济价值高，用途广泛。其果可食，仁入药，叶为茶，花朵酿蜂蜜，茎秆作饲料，开发利用的广度和深度远大于其他果树。作为第三代水果的代表之一，不仅鲜果在市场上很抢手，其深加工产品，如欧李果酱、浓缩果汁、欧李果酒等，经济效益更加突出。

中华欧李果富含维生素A、维生素C、维生素B_2、维生素B_{12}、维生素E，微量元素钾、钙、铁、锌、硒等，尤其是钙含量奇高。每100克欧李鲜果中含钙60~90毫克，含铁1.5~2.5毫克，远高于其他水果。中华欧李所含的钙为有机钙，人体可直接吸收。成熟的中华欧李果甜中带酸，略带涩味，适合高档消费群体和欧美市场。与其他水果不同的是，中华欧李的果酸不倒牙、不酸胃，其浓郁的果香令人久久回味。

欧李果仁（郁李仁）属于传统中药，已有两千多年的使用历史，具有消肿利尿润肠通便等功效。欧李鲜果中含10%的果核。果核既可直接销售，也可加工成郁李仁，以中药材的形式销售，或者通过亚临界萃取制成高级保健油。欧李仁酊剂还有显著的降血压作用。欧李果在市场上的售价与大樱桃持平。对种植者来说，亩产1 000千克欧李鲜果，毛收入可达4 000元以上。仅果核一项额外又可收入超过1 000

元。若进一步加工，则价值更高。

中华欧李叶片可加工成保健茶，补钙降脂，市场需求量很大。茎叶营养价值高，适口性好，不仅含有牛羊生长发育所需的糖、蛋白质等营养物质，更是牛羊骨骼发育的重要补钙来源，是牛羊和家兔的优质饲料。在原产地，百姓将欧李叫做牛李，俗称为"撑死牛"，因为牛羊特别喜食欧李茎叶。中华欧李丛状萌发，生长茂盛，每年保留1~3个枝条结果，其余10多个枝条及其叶片均可作为饲料使用。果实成熟后采摘时，还可将带果的枝条整枝剪下来，果实销售或加工，枝叶做饲料。中华欧李的花是很好的蜜源。利用欧李花养蜂亦是一项可观的收入。欧李根对静脉曲张和脉管炎有较好的治疗作用。

大面积发展欧李并使之产业化，可形成新的经济增长点，在农业产业结构调整中起到积极的作用。欧李从育苗到种植、管理、加工、销售，需要大量的有一定技术的农民工，从而带动成千上万农民致富，为社会经济的可持续发展贡献力量。通过发展中华欧李项目，将形成一批农业产业化龙头企业，所生产的富含有机钙的产品有助于增强全民族身体素质。

中国广袤的荒漠化土地，正是中华欧李的用武之地。未来几年，中华欧李将遍布华夏大地，一个古老的品种将焕发出前所未有的青春。

第三节　"一树五用"牛角瓜

2009年冬，当上海魔树公司的胡总向笔者展示一件用一种特殊的天然纤维制成的衣服时，我惊愕了！一方面为这种面料如此细腻、柔软、漂亮、舒适，另一方面为他为这种纤维起的十分形象而贴切的名字：水晶丝。

随之而来的当然是好奇。水晶丝的学名是什么？它是哪种植物所产的纤维？有什么特点？纺织技术是否已完全突破？能否产业化？……

胡总接着一改他温文尔雅慢条斯理的一贯做派，竟竹筒倒豆子似地向我讲开了这种植物的其他用途：叶和茎可以提取治疗癌症的药物，可以提炼生物柴油，还可以生产生物农药，最后的残渣是有机肥的上等原料。

这不是一树五用吗？！

而且胡总说他与中国科学院、东华大学、上海生命科学研究中心等单位建立了合作关系，对这种植物的五种用途已展开了研究，并取得了可喜的进展。他宣称，一种植物，可以发展起来五大产业！

一切就像他给公司起的名字——"魔树"一样，充满神秘和神奇。

我当然很快就知道了这种植物的正式名称叫牛角瓜。

胡总要求保密。我能理解。我尊重他的意见。

我拿着那件神秘的样衣向姚穆院士和纺织工业协会的领导做了汇报。但我不便也不能立即公开胡总的秘密。直到差不多一年以后，胡总告诉我说，中国工程院的多位院士已经认可了牛角瓜的纤维可以叫做水晶丝，二者之间已经画上了等号，可以对外公开宣布牛角瓜的神奇了。

现在很多人知道了牛角瓜，并知道了它和纺织、生物医药、生物能源、生物农药和生物有机肥之间的联系。当然还有治理荒漠化和水土流失。

牛角瓜又叫五狗卧花、断肠草、狗仔花。奇妙无比的是，牛角瓜那5朵雄性花蕊酷似5只小狗，形象之逼真，令人惊奇。

传说900年前的一个夏日，宋代宰相王安石为苏东坡贬谪广东饯行（不久又加罪到海南），即兴赋诗一首，其中有"明月当空叫，五狗卧花蕊"一句。苏东坡觉得可笑，以为王安石年老脑钝，遂改成"明月当空照，五犬卧花荫"。到海南儋州后，苏东坡却发现当地确有明月鸟和五狗卧花，恍然大悟，顿时后悔羞愧。鸟岂能不叫，花又岂能无蕊，没想到一代文豪竟也落得如此窘境，不禁令人慨然叹之。世上不是没有发现，而是缺少发现的眼睛。可惜我们再也听不到明月鸟的叫声了，据说，儋州80多岁的老人以前都见过明月鸟。

资料记载验证了胡总的描述。

小贴士

牛角瓜（Calotropis gigantea（L.）Dryand.ex Ait. f.），萝摩科，广泛分布于美洲（加勒比海）、非洲、大洋洲（澳大利亚北部）及亚洲的中国、印度、斯里兰卡、缅甸、老挝、越南、马来西亚等国，在以色列干旱、半干旱地带也有分布。牛角瓜属约有6种，我国盛产其中的两种，一种为牛角瓜（Calotr op is gigantea L.），分布于海南、广东、四川和云南；另一种为白花牛角瓜（Calotr op is p rocera L.），在广东、广西、云南有零星分布。

中国（左）和印尼（右）的牛角瓜（熊定国摄）

牛角瓜是一种药用植物，含牛角瓜甙等多种强心甙和牛角瓜碱，主要利用其有效成分牛角瓜甙入药，在民间具有广泛的药用价值，其根、茎、叶、果及各部位的白色汁液均可药用，具有抗菌、消炎、驱虫、化痰、解毒等作用，用于哮喘、咳嗽、麻风病、溃疡、痔疮、肿瘤等疾病的治疗。有学者在牛角瓜种已经分离鉴定了20多种强心苷，这些强心苷大多显示强抗肿瘤活性。

牛角瓜的茎皮的纤维质优而坚韧，可当作编织和造纸的原料，还可制鞣料、黄色染料、制绳索、织麻布和麻袋等；其种子的冠毛可做丝绒原料及当枕褥的填充物，乳汁干燥后可做树胶原料。最近报道新研究了一种牛角瓜医用纱布，该纱布由面层、基层交织而成；所述面层为牛角瓜纤维，基层为棉纤维。将具有抑菌功效的牛角瓜纤维用于纱布、绷带的纺织，所制得的纱布可有效防止二次污染。牛角瓜几乎一年四节都在开花结果，可以不间断地收获。据测算，如果发展人工种植，其纤维亩产量可达50千克以上。当然，牛角瓜纤维的采收技术还有待于进一步研究。

（胡惠民摄）

同时，有报道称，牛角瓜是一种新型的速效绿肥植物，其叶可以作为绿肥。牛角瓜还是一种生物农药，有研究表明牛角瓜提取物能够有效地杀死非洲瓜瓢虫。

更神奇的是牛角瓜属于热带石油植物，茎、叶含碳氢化合物，用溶解法或机械法从牛角瓜的茎叶中可以提炼出白色汁液，这种白色汁液的碳氢比例和原油相近，所以可以提炼"石油"。据分析，种植一公顷牛角瓜，每年可提炼一万多升的"石油"，所以它又被称为"石油植物"，而发展可再生能源是21世纪减少环境污染和温室气体排放以及替代化石能源的必然要求。

牛角瓜属速生型树种，生长周期短，收获期长，采收方便，并可多季收获。而且牛角瓜对环境的适应能力很强，耐旱、抗严寒、耐高温，可在干旱地带、盐碱地等环境恶劣、十分瘠薄的土地上生长，也可栽种在铁路、高速公路、灌溉渠道等边缘地带，这样可充分利用非农业用地和荒地，不用与农作物和农田竞争土地和肥料，其本身繁殖力强，无需管理。

胡总到他熟悉的和不熟悉的多个省份进行实地考察，发现牛角瓜生长于低海拔向阳山坡、旷野地中。在海南岛西部及南部沿海沙滩地上，牛角瓜不仅如杂草到处蔓延，起到防风固沙的作用，而且生长速度极快，每周可长高约30厘米。长江上游从四川三江口至岷江口的金沙江河谷地段，受焚风效应影响，在海拔1 600米以下的沿江两岸形成了一个"气候飞地"的干热河谷区，水土流失严重，泥石流、滑坡频繁。由于高温、水分亏缺、土壤承载力低、适生树种少、种植资源缺乏，造成人工造林与天然植被恢复困难，植被覆盖率不足20%。

他选择金沙江干热河谷进行牛角瓜的大面积人工种植试验并获得成功！实践证明，牛角瓜是干热河谷地带恢复植被的理想树种。牛角瓜与木棉等高大乔木套种，可获得更加可观的经济效益。

现在，胡总的魔树公司正在加快牛角瓜产业化的基础准备工作。

有朝一日，牛角瓜不仅将给人们带来巨大的财富，而且将在防治水土流失和石漠化方面发挥越来越重要的作用。

第四节　大叶麻竹 "半坡脆笋"

赵心利曾是中国第一批上市公司的董事长，是改革开放的弄潮儿。

老赵是个能人，是个有品位、懂情趣的人，也是个热爱生活、热爱生态、富有激情的男人。近年来，他把所有的激情放在生态建设上，一心扑在了四川紫色盆地

小贴士

　　据说，明代诗人杨邺游蜀时，偶见"古调出深巷"之句，大为赞赏。欲对以下联，却一直未有合适的意境。几日苦思，不觉于驴背上恍然睡去。梦一白衣文士，自称东坡，令其访竹。蓦然惊醒，遂对沿路竹林倍加留心。当其行至富邑州郊外时，为此处优美的"竹林、小桥、流水"之景所动，终对出了"竹风过板桥"的绝妙下联。杨邺陶醉于此，结庐林间，流连不去。更惊奇地发现林中竹笋个大肉厚，不类凡品。附近农户常采食者，即便七旬老者，也身体强健，面色红润，乡民以"王笋"称之。杨邺遂隐居于此，赏竹韵，食竹笋，诵诗书，悠然终老，人称"半坡居士"。此处竹笋也因之倍受关注，成为明清历代皇帝御笔钦点的贡品。这就是"半坡脆笋"的来源。

的水土流失治理上。

　　不当上市公司董事长以后，他邀约一干朋友，有银行行长，也有香港老板，有藏族同胞，也有精明能干的女性，合伙组建了四川富顺锦明笋竹食品有限公司，在水土流失极为严重的世界著名紫色盆地中心的沱江沿岸种起了麻竹，生产美味可口、营养丰富的"半坡脆笋"，销往世界各地。

　　如今，在老赵的富顺锦明公司带动下，"半坡脆笋"已迅速成为了竹笋食品行业的先锋品牌，驰名海内外，笋竹产业不仅使当地山区农民走上了致富道路，更成为有效治理水土流失的一条可行新路！

　　我不是、也不必为老赵和他的"半坡脆笋"做广告。是他的坚忍不拔和执著专注感动了我，感动了许许多多的人。

四川盆地是世界著名的紫色盆地。老赵生于斯，长于斯，苦乐于斯，眷恋于斯。

这里水土流失极为严重。据统计，长江流域水土流失土壤总量接近全国流失土壤总量的一半。而长江上游的泥沙主要来源于金沙江和嘉陵江中下游的四川盆地丘陵地区。

多年以前，老赵就看见，滔滔长江，如同破裂的大动脉，不断将大量肥沃的土壤从四川盆地带走，唯留下贫瘠的土地！

老赵和许多人一样心里清楚，紫色盆地水土流失治理刻不容缓。

老赵也同样和许多人一样明白"青山秃，洪水怒"的道理，懂得唯有植树造林才是根治四川盆地水土流失的切实可行的长久之计！

老赵和别人不同的是，他一直在思考：有没有一种既生长迅速、能有效保持水土、又能带来较高经济收益的树种呢？种植它，既能有效治理四川盆地的水土流失，还能增加当地群众收入提高他们的生活水平。

经人介绍，老赵发现"花中四君子"之一的竹，恰好符合这些条件。

竹林，是"君子"更是"良医"。竹子是一种速生树种，适应性强，易栽植、成活率高，属常绿树种，四季常青。竹是一类生长在亚热带地区喜热、喜湿的植物，竹林作为森林资源的重要组成部分，其保持水土作用相对于其他林种更具优势。竹子是鞭生浅根性植物，须根发达，生性强健，地下竹鞭横向扩展，根系庞大，覆盖保护作用明显。其众多须根组成一张大网，牢牢抓住它所生长的土地，防止地表径流和固土的作用自然强大！

著名画家、书法家郑板桥曾有诗《竹石》写道："咬定青山不放松，立根原在破岩中。千磨万击还坚劲，任尔东西南北风。"说的虽不是保持水土，但竹子根系固持水土的能力，由此可见一斑。

笋竹不仅对于生态修复作用显著，同时还是一种优质木材，可用其制作橱、桌、床、沙发等家具，且广泛用于工业、农业、建筑业以及人们生活等领域。竹纤维又是人造丝、人造羊毛、醋酸纤维、硝化纤维等重要原料。除此之外，竹笋还是很好的保健减肥绿色食品，味道鲜美，营养丰富，除可鲜食外，还可以加工成各种笋干和罐头，畅销国内外市场，是我国食品工业占领国际市场的拳头产品之一。

四川盆地丘陵区的紫色土壤有机质含量相对较高，加上水热条件良好，极其有利于竹子的生长。因此，种植竹林对于当地水土流失问题的解决无疑是一剂良药。

良医中的国手——麻竹。老赵向来是个非常善于学习、敢于决策的企业家。当了解到我国上百种笋用竹中适应性广、抗逆性强、能涵养水源、防沙固土、且产量最

> **小贴士**
>
> 麻竹，拉丁名Dendrocalamus latiflorus Munro，禾本科竹亚科牡竹属。又称甜竹、大叶乌竹等，是大型合轴丛生竹类，在我国华南地区分布最为广泛。麻竹植株粗壮高大，麻竹节间长可达50厘米，一般杆高20米左右，高者可超过30米，成竹直径20厘米左右，也有直径超过33厘米的大竹，是我国当前最高大的巨型竹之一。根据其不同的培育过程，有数个不同的栽培品种。四川盆地现在普遍栽培的麻竹与原栽培型最明显的区别是叶片大，长20~48厘米，宽4~8厘米，因此也被称为大叶麻竹。

高、笋体最大、号称"笋材两用竹之王"的麻竹时，老赵认定它就是能够带来极佳的生态效益、社会效益和经济效益的佼佼者，从此便大力推广麻竹，欲借此构建长江上游绿色生态屏障！

大叶麻竹是"八五"至"九五"期间从我国台湾引种选育到大陆并重点推广的丛生笋用竹良种。其与本地麻竹最明显的区别是叶片大，叶脉较细，叶片柔软，是包粽子的上等材料。现已在广西、广东、四川和贵州等省引种种植。

麻竹笋，笋味"嫩、脆、甜"，品质上等，营养丰富，是一种十分鲜美的山珍，具有很高的食用价值。据分析，竹笋含蛋白质2.65%~3.28%，脂肪0.49%，粗纤维0.68%，还有磷、镁、钙、铁等多种人体必需元素及维生素B_1、B_2、C及17种氨基酸，是一种高蛋白、低脂肪的绿色食品。同时还能促进肠胃消化和排泄，常食竹笋可减少有害物质在体内的滞留和吸收，具有排毒和减肥的功效。

麻竹笋突出的特点是笋体大、笋质优、笋期长、可食用率高、产量高。6月上旬开始出笋，7、8月为出笋盛期，直到10月下旬。麻竹笋一般高达1~1.2米才割笋，这时竹笋仍然嫩脆，肉质不老不绵，跟其他竹笋有明显的区别。用于出口金丝笋的大笋采伐高度为1.2~1.5米，单个鲜笋重30千克左右，可加工笋干1千克以上，干笋金黄透明，是出口金丝笋的上等原料。

麻竹笋还具有很高的药用价值。中医认为麻竹笋味甘、微苦、性寒，能清热化痰、除烦下气、通利二便，主治热痰咳嗽、胸膈不利、心胃有热、烦热口渴、小便不利、大便不畅，《本草纲目》中对此即有记载。《本草求原》中曾介绍用竹笋烧

粥可治小儿麻疹早透、便结难通、久泻久痢脱肛类患者。现代中医临床研究表明，鲜笋煮熟榨汁，加入适量蜂蜜，可清热解毒、去疲消渴、润肠通便、化痰止咳、解酒安胃。

除了产竹笋，麻竹还是很好的材用竹。麻竹生长快、成材早、见效快，一株高10多米的麻竹，从出笋到成竹只需1个月。麻竹材可编制竹制品或是作为造纸的原料，还可作为提取竹黄酮和植物纤维的生物化工原料。

麻竹观赏和审美价值极高。它株丛高大、竹竿通直、竹叶苍翠、竹梢下弯，成片竹林会形成独特景观。产自台湾的葫芦麻竹，竿形相对较矮小（高5~10米。直径4~12厘米），竿形特殊，是适合庭园栽培的品种。

麻竹适应性广、抗逆性强。多年栽培实践证明，麻竹在我国四川、湖南、江西、贵州、湖北、云南、广西、广东、福建、浙江等亚热带和热带地区均生长良好。麻竹病虫害少，不择土壤，对气温适应范围广。适宜在温度为-7℃~42℃、pH值4.5~8的江河两岸、河滩荒坡、田边地角、村边宅旁大量发展，而退耕还林地或山谷地及山坡下部的缓坡地也是作为竹园的不错选择。每亩麻竹林荫道可固沙4.3立方米，涵养水源17.3立方米，减少粮食灾害性损失1%左右。

老赵还看到了发展麻竹将带来的巨大商机，全国笋竹市场容量为150万~250万吨，缺口很大。而国际市场上，我国每年竹笋出口超过35亿美元。而麻竹更是东南亚、我国港澳台地区及欧美等国指定出口的笋种，产品十分畅销。

于是，老赵的四川富顺景明公司通过企业带动、基地示范，取得当地政府支持，带动农民在沱江流域大力发展大叶麻竹种植。现已发展到30余万亩，有效地防治了沱江流域紫色盆地严重的水土流失。利用大叶麻竹笋为原料加工生产"半坡脆笋"系列产品，畅销国内外。

种植大叶麻竹，投资少、见效快、效益高。种植一亩麻竹一次性投资不到300元，当年种植，第二年进入产笋期，可收鲜笋1 000千克，第三年进入丰产期，亩产鲜笋可达3 000千克以上，每千克鲜笋可售0.8元，收入颇丰，可连续受益50~100年。同时促进当地绿色旅游业的发展，保护生态环境，建设美好家园。

老赵首先要在作为水土流失重要源头之一的紫色盆地，使麻竹大展身手。一旦麻竹产业在长江中上游发展起来，成片的竹林必会像一个个巨大的过滤器，将土壤从降雨中滤除，从而有效遏制长江流域的水土流失。这将是长江流域的一个重要生态屏障。

老赵喜欢旅游，喜欢山山水水，到过国内外很多地方。他的眼光自然不会只停留在四川盆地。麻竹产业的发展自然也不会局限在四川盆地。

这几年，随着越来越多、越来越深入地参与中国治理荒漠化基金会的工作，老赵已把他的大叶麻竹种到了贵州、广东、湖南等省份，他的"半坡脆笋"加工厂也随着落户这些地区，为人们带来福祉。

我们有理由相信，在老赵们的努力下，兼具良好的生态、经济与社会效益的麻竹产业必将大放异彩！

（熊定国摄）

石漠化地区的土地何等金贵（杨勇摄）

丹霞地貌也是典型的石漠化（杨勇摄）

第九章
碧水蓝天莫再忧伤

石漠化是荒漠化的一个重要类型，也是最难于治理的一类荒漠化。

石漠化地区大都是少数民族聚居的地区，石漠化伴随贫困化，对社会经济的可持续发展构成极为严重的威胁。石漠化的治理迫切而艰巨。数十年来，各级政府、机构、企业和人民群众积极探索"石漠化治理"与"脱贫致富"统一的途径，推动"生态产业化，产业生态化"，进行了卓有成效的实践。

> **小贴士**
>
> 石漠化：在亚热带脆弱的喀斯特环境背景下，受人类不合理社会经济活动的干扰破坏，造成土壤严重侵蚀，基岩大面积裸露，土地生产力严重下降，地表出现类似荒漠化情景的土地退化过程。

第一节 荒山种出"树羊绒"

"攀枝一树艳东风,日在珊瑚顶上红。春到岭南花不少,众芳丛里识英雄。"此诗所赞即为木棉花。木棉花是广州市花。2010年的广州亚运会开闭幕式上就有精彩的木棉焰火表演,充分说明了广州市民对木棉的喜爱。

木棉,又名红棉、英雄树、攀枝花,是一种生长于热带和亚热带干热河谷的高大乔木树种。高大挺拔,雄壮魁梧,枝干舒展,树冠伞形,树形优美。初春时节,叶片几乎落尽,新芽尚未萌发,花朵盛开,硕大如杯,瓣红蕊黄,艳红如血,远观好似一团团火苗在枝头尽情燃烧、欢快跳跃,极有气势,十分的美丽而壮观。因此,木棉树历来被人们视为英雄的象征。历代文人墨客多有诗赋赞美之。

木棉在初春二三月开花。一般都是先开花,后长叶。木棉花期大约持续一个月。之后,便结出形如丝瓜、状似牛角的果实。果实中间充满了纤维和籽粒。如果不及时采摘,木棉果成熟后会自然炸裂开来,纤维随风飘扬,四处飞散,颇似北方春天杨树之絮。

木棉全身都是宝,木棉花瓣、花壳、籽粒、纤维、树干、树皮、树根均有较高开发利用价值。

木棉花和叶均可入药。木棉花性凉,味甘、淡,具清热、除湿、解毒之功效,民间常拾其落花晒干后煎水服用或煮粥、煲汤食用,具有清热利湿,祛风除湿,活血消肿,散结止痛之效。木棉花还可作为蔬菜,而且其耐旱能力非常强。去冬今春大旱,西南旱区蔬菜大多干死,唯有木棉花依旧鲜艳,甚至成为当地群众度过旱荒的鲜美菜肴。木棉种子含油率达20%~25%,种仁含油率40%。木棉籽油可作化妆品原

俏傲枝头(赵振格摄)　　手捧木棉笑开颜(周建龙摄)

第九章　碧水蓝天莫再忧伤

> **小贴士**
>
> 　　木棉属被子植物门、对子叶植物纲、锦葵目、木棉科植物，共有20属180种，主要产地在热带地区，我国现有7属9种。结果实并产纤维的木棉有6种。目前应用木棉纤维的主要是木棉种（攀枝花木棉）、长果木棉种（印度木棉）和吉贝种（爪哇木棉）。不同品种木棉的开花习性、花的颜色、果子大小以及纤维特点性能均有很大差别。木棉在我国的云南、四川、广西、广东、海南、福建、浙江、台湾等省区均有分布。越南、老挝、缅甸、印尼、菲律宾、马来西亚等亚洲国家以及南美洲、非洲等地也有分布。

料，或用于生产营养和功能食品，还可炼制润滑油、生物柴油。种子壳含蜡质，可制蜡烛、防水剂等。木棉木材结构为环孔材，纹理直，结构粗，材质轻软，耐水湿，可供制作隔音隔温板材、食品级食品用具、桑拿浴具、胶合板、包装箱板、火柴梗、木舟、木甄、桶盆等，还可用于造纸。我国科学家正在进行利用木棉木材生产再生纤维素纤维的实验研究。木棉壳和短纤维是制造用于海水淡化和污水处理的过滤膜材料、壁纸等的理想原料。木棉的根、茎抽取物可用做收敛剂、镇痛剂等，它的汁液可用以治疗痢疾；根皮、茎皮和刺，磨成粉制成药膏可用来治疗粉刺；幼根有散结止痛功效，可作浑水的净水剂。木棉果实中的天然野生纤维素，可祛风除湿、活血止痛。

　　木棉纤维具有蓬松轻柔、光洁保暖、抑菌防螨、浮力超强等特点，是天然超

世界最大的木棉林—印尼中爪哇省（熊定国提供）

木棉果（熊定国摄）

细、超轻和高中空度纤维,其细度和密度仅为棉纤维的1/2和1/5,中空度高达80%以上,被誉为"植物软白金",又有"树羊绒"的美誉,在纺织、造纸、航海、医药、建筑等行业具有广泛用途。木棉纤维有白、黄、黄棕色等3种颜色,且可直接染色。木棉纤维应该是很好的纺织原料。我国以木棉纤维制作被褥的历史,可追溯到晋代。从古至今,我国西双版纳的傣族对木棉运用很巧妙、很充分。在汉文古籍中多次提到傣族织锦,取材于木棉的果絮,称为"桐锦",闻名中原;用木棉纤维作枕头、床褥的填充料,十分柔软舒适。在傣族情歌中,少女常把自己心爱的小伙子夸赞为高大的木棉树。

然而,《大百科全书》记载:"木棉只宜做填充物,不宜纺织。"这样一个"权威"结论,禁锢了人们的思维,使得木棉纤维的应用大受局限。2004年,我国纺织专家和有关企业联合研发,成功地攻克了木棉纺纱技术,打破了大百科全书"木棉不宜纺纱"的论断,使得木棉成为了纺织界争相研究、应用的宠儿。木棉纤维成为继棉、毛、麻、丝、化纤之后的第六大类纺织纤维,在民用、军事、体育、航海等领域的应用突飞猛进,越来越多的纺纱、织造、染整、成衣、家纺企业加入木棉纤维应用的行列,开发出越来越多的木棉产品如木棉保暖内衣、木棉袜子、木棉羽绒服、木棉羊绒大衣、木棉被子、枕头、靠垫等,充分体现木棉纤维轻柔、保暖、抗菌、驱螨的特性,独具特色,深受国内外消费者的喜爱。

由此带动了木棉的大面积人工种植。木棉可观花、观枝、观干及绿叶,是一种造型特殊的园景树,适合公园、庭院、四旁及行道树种植,也可嫁接矮化作盆栽。木棉一般在海拔1 000米以下生长,为阳性树种,喜生于干热气候、石灰岩地带及江河两岸,能耐0℃低温,无论是播种、分蘖还是扦插,都容易成活,而且生长迅速。

木棉具深根性、萌蘖性强,生长迅速、树皮厚、耐火烧等特性,对土壤要求不太高,能适应石漠化地区恶劣的自然环境,是世界上少有的可在石漠化地区规模种植的树种,是治理石漠化的"先锋植物"。专家们普遍认为,种植木棉树能有效治

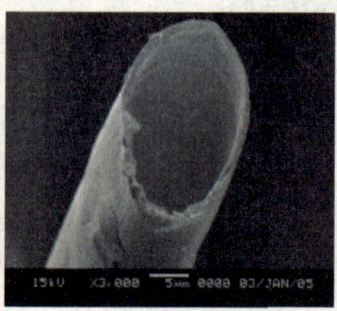

| 树上的木棉纤维 | 木棉纤维的截面形态 | 高技术中空化纤 |

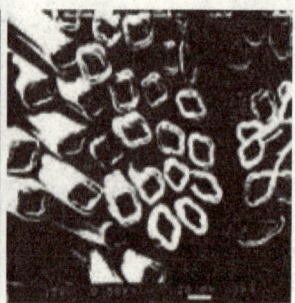

在石漠化土地上顽强生长的木棉树（熊定国摄）

与木棉套种的山地棉（熊定国摄）

理石漠化和水土流失，集中体现生态效益、经济效益和社会效益。

中国是一个棉花短缺的国家。每年须进口棉花200万~300万吨，才能满足棉纺织行业的原料需求。棉花对外依存度过高，一直是棉纺织行业的一大隐患，甚至危及行业生存。木棉纤维有可能部分替代棉花。

木棉是可再生资源，一年种植多年受益，并可利用荒坡、石漠化山地种植，不与粮食争地。据有关研究表明，种植1亩木棉树，可产150千克木棉，相当于2亩棉田所产的棉花。

木棉与山地棉套种，见效更快，收益更高。

山地棉是海岛棉的山地木本种，是四倍体，多年生灌木，一年种植，可连续采收20年。一年二次开花，二次结棉。夏棉亩产40~50千克；冬棉亩产50~60千克，其纤维主体长度28.8毫米，品质长度33毫米，可优化长度45毫米，属优质棉纤维。

中国治理荒漠化基金会提出，若在我国南方石漠化地区发展标准化、规范化、规模化木棉+山地棉套种，每年将可产出木棉和山地棉数百万吨，在为纺织企业提供大量天然纤维原料的同时，可置换出数千万亩良田，对保障粮食安全具有重大意义。

每种1亩木棉+山地棉，仅出售纤维和籽粒就可获得3 000元以上的收入，因此发展木棉产业，为农民脱贫致富找到了一条可持续的途径，有助于解决"三农"问题，培养农民的创业能力，促进社会主义新农村的建设。

木棉产业是一个新型产业，其产业链将横跨农业、林业、纺织业、机械加工业、木材加工业、生物制药业、造纸业、食品业、旅游业等领域。发展木棉产业，将进一步拉动这些相关产业的发展，进而推动社会经济的发展，对促进地区经济发展具有深远意义。云南省提出规划建设500万亩木棉种植基地，争取把木棉产业发展成该省的优势产业。

首届中国木棉产业发展研讨会（2009年3月，个旧）（熊定国摄）

第二节　山茶花开格外香

"东园三日雨兼风，桃李飘零扫地空。唯有山茶偏耐久，绿丛又放数枝红。"这是宋代诗人陆游对山茶花的赞美。

山茶花是油茶的花，又名茶花，古名海石榴，有玉茗花、耐冬或曼陀罗等别名，又被分为华东山茶、川茶花和晚山茶。茶花的品种极多，是中国传统的观赏花卉，"十大名花"中排名第七，亦是世界名贵花木之一。

油茶是我国南方重要的木本油料树种，

> **小贴士**
>
> 油茶是山茶科植物，属常绿灌木和小乔木，油茶为常绿小乔木，高达4~6米，胸径达24~30厘米，树皮灰褐色光滑。叶革质、光滑、花两性白色，每年10月中、下旬开花，开花以后直到次年10月间果实方能成熟。果实为蒴果，椭圆形、圆形。油茶对土壤要求不严，适应性很强，能耐较瘠薄的土壤，一般以pH值5~6的酸性黄土最为适宜。疏松、深厚、排水良好、较肥沃的沙质土壤对油茶生长发育特别有利。在这种土壤上生长的油茶结实丰满，产量及出油率均高。

其栽培和利用已有2 300多年的历史。中国是油茶的原产地，是世界上山茶科植物分布最广的国家（除此之外只有东南亚、日本等国有极少量的分布）和世界上最大的茶油生产基地。油茶在我国南北分布在北纬18°21′~34°34′，垂直分布一般多在海拔800米，特别是在500米以下的丘陵山地生长良好。湖南、江西、浙江、福建、广西、贵州、云南、安徽、湖北、河南、海南等16个省份是油茶的主产区，现有栽培面积400多万公顷，年产茶油1.2亿千克。

油茶（熊友才提供）

茶油是从山茶科（camellia）油茶树种子中获得的，其营养成分丰富，含脂肪酸（不饱和脂肪酸占93%，其中油酸83%、亚油酸10%）、棕榈酸、维生素E、D及各种生理活性成分，如茶多酚、山茶甙、山茶皂甙等。茶油既是我国最古老的、传统的木本食用植物油之一，又是一种具现代风格的上乘的高质量保健性食用油，在食品、医药保健、工业和林业等领域有着极其广泛的用途。

历史上，茶油曾经是"皇封御膳"用油。据史料记载，用小米面为原料，配以杏仁、花生米、海带丝、豆腐丁和调味品、茶油，是宫廷的御膳食谱，足可显示享用茶油是一种身份的象征。现代医学研究进一步证明：茶油可降低胆固醇，调整血脂，改善血液循环，抑制各种心脑血管疾病的发生。由此茶油产区往往给茶油一种

油茶芽苗砧嫁接苗　　　　　　　　　美丽的油茶花（李林提供）

雅号——"益寿油"，或者"长寿油"。中医认为茶油性能偏凉，有凉血、止血的功效，对于肝血亏而虚火上升的心血管疾病患者有显著的疗效。油茶总皂甙对心肌损伤有较好的保护作用，而且可诱导内源性心肌保护物质产生，具有药理性心肌缺血预适应保护作用。茶油可制作针剂和调制各种药膏、药丸等。民间还用茶油治疗烫伤和烧伤以及体癣、慢性湿疹等皮肤病。

茶油还有一个特点是耐高温，其他植物油在煎至120℃时便会产生少量苯等有害物质。而茶油在煎到280℃时也不会有此变化，故茶油最适合于在炸制食物时使用。由于茶油在食用油中极具保健功能，品质能与国际著名的橄榄油相媲美，所以享有"东方橄榄油"的美称，近年来在国内外日益受到重视。国际粮农组织已将其列为重点推广的健康型食用油，在日本、东南亚等地茶油已成为抢手货。在我国台湾地区，其市售价是花生油的20倍。在日本，茶油价格是菜油的7.5倍。

茶油及其副产品在工业上也是制药业、化工业的上等原料。果壳可以用来制碱、栲胶、活性炭等，茶饼是一种优质的有机肥。油茶木材坚韧，是制作农具、家具的良好用材。在工业上，茶油可制取油酸及其酯类、生产肥皂和凡士林等，也可制成硬脂酸和甘油。茶籽榨油后的枯饼可提取茶皂素，发酵后可作高蛋白饲料，还能通过粉碎来作生物杀虫剂、机床的抛光粉和水泥防冻剂等。茶壳能提取糠醛、栲胶和木糖醇等，加工处理后可作活性炭和食用菌的培养基材料。

油茶适宜于生长在气候温和、雨量较为充沛的环境中，同时适应性强，具有耐干旱、耐贫瘠的特点，其对土壤要求不高，丘陵、山地、沟边、路旁均能生长。利用目前成熟技术，从栽种开始到挂果一般只要3~5年，受益期可长达50年，甚至更长。种植油茶，除头年开垦种植用工较多外，正常年份用工很少，相同的种植面积，只相当于种植油菜用工量的1/10。经营管理好的话，其产油量却与油菜籽产油基本相当。且其根系发达，树冠大，不仅能绿化荒山，而且能保持水土，是生态绿化建设的好树种。其叶常绿、革质，不易着火，又是防火林带的好树种。在山区和丘陵地区，利用荒山荒坡推广栽培油茶，不与粮食争地，还能为农业生产提供肥料、农药，促进农业生产的发展。

我国作为重要生活和战略物资的食用油，一半以上靠进口，对外依存度过大。在石漠化地区大力推广利用荒山荒坡等非耕地发展油茶种植，可以腾出耕地来生产粮食或搞其他的建设，使当地生态环境得到有效改善的同时，还可以为当地劳动力提供就业机会，大大增加当地农民的收入，促进社会经济的发展，兼具有良好的经济效益、生态效益和社会效益，对保护粮食安全、构建和谐社会具有重大意义。

我国科技工作者现在已收集和繁殖大量油茶品种，培育出了大量的新、奇、珍稀的优良品种，并在多个省份建立了大面积的示范基地，示范推广所培育出的优良品种，为油茶产业提供强大的科技支撑。国家已经启动实施"木本粮油工程"，从财政资金、税收政策等方面为油茶产业的发展注入了强劲的动力。许许多多的企业投身于这一产业领域，打造出了多个独具中国特色的食用油品牌，为人们提供安全、健康的食用油品。

"满山石头峥嵘，遍野树黄草枯"的景象已经一去不复返了，石漠化地区的治理尤其是油茶树等植被的广泛种植，使得石漠化地区山更绿、水更清、土地更肥、家园更美了。

第三节　桑牧翳野　天下富足

桑树很适合在石漠化地区生长。吴中伦院士曾指出：干旱半干旱地区造林种树不能忘记桑树。过去人们始终仅把桑树和养蚕联系在一起，而忽略了它的其他甚至可能是更为卓越的功能。经现代科学技术测定，桑叶、桑果、桑枝含有18种氨基酸，粗蛋白含量在18%~28%，矿物质含量丰富。1988年，卫生部公布桑果、桑叶与药食同源，科学技术检测为无毒植物。

任荣荣教授多年致力于推动桑产业的发展。他把全国特别是北方的主要桑树品种搜集起来，进行选育和试验，筛选出果

桑、饲料桑、乔桑等三大类桑树新品种，分别开发它们的新用途，发现各具千秋。

果桑可在城市郊区地区推广，桑葚加工成为饮料或保健酒，桑叶可制成茶叶，均有治疗高血压和糖尿病的功效，鲜果也可以作为水果，补春季水果之缺。树枝粉碎后，可以生产食用菌。饲料桑可以作为牛、马、羊、兔等家畜的饲料，在沙区、牧区和山区推行，一亩密植桑超过600株，可饲养一只羊，一年可以像韭菜一样割几茬。既发展了草食畜牧业，又可保持水土。乔木桑可以作为速生用材、农田防护林、作为节水型树种为老百姓所喜爱。其利用则更加广泛，还是世界上优质木本纸浆树，栽种当年就可以用于纸浆生产。

桑树吸纳二氧化碳，释放氧气的功能较之一般树种大得多。因其叶面毛细孔特多且成放射状，所以光合作用特强，燃烧排放的废气，能被桑叶大量吸收。桑树发达的根系还能积聚能量，具备极强的生存能力，而其树林纵横交错的地下根系，则可加固山体表层，有效防止山体滑坡等地质灾害。三峡库区水淹后，枫杨、棕榈等常规树种都枯死，只有桑树，水一退便发芽吐叶，依然枝繁叶茂。桑树成林的地方没发生山体滑坡与泥石流。

由桑树种植业可以衍生出相当数量的二、三级产业。如桑产品的加工就可以发展饲料工业、果品加工业、医药卫生保健业、造纸业、酿造业、木材加工业、食用菌等产业链条。

中国种桑养蚕有5 000多年的历史，但在干旱的地方，在无水灌溉条件下种桑树，这在一般人看来是痴人说梦，任荣荣也遇到人们的不理解和质疑。他相信科学，并不做太多的争辩，相信事实能转变人们的偏见。任荣荣在新疆、内蒙古、宁夏等不同区域，推广不同生长习性的桑类，建立示范基地，以事实说服当地百姓。桑树种植的推广速度和规模均超出人们的意料之外。从辽西的科尔沁沙地到内蒙古的浑善达克沙地、毛乌素沙漠、腾格里沙漠、甘肃河西走廊、新疆准噶尔盆地等，他都进行桑树的种植和推广。目前，在12个省、市、自治区建立了30余个示范基地。

国家正在实施"东蚕西移"大战略，这是一种必然。西部有土地优势，又有适宜的气候、土壤和充足的劳动力。而我国东部地区土地资源逐渐减少，劳动力价格不断攀升，种桑养蚕的效益逐渐降低，种桑养蚕传统地区的桑蚕产量出现了逐年递减的趋势。

"东蚕西移"是一项实实在在的惠民工程。发展桑产业，不但可以提高农民的收入，而且可提供数以亿计的就业岗位，且让人们不必背井离乡而安居乐业。农民利用小小一棵桑走出了桑—蚕—鱼，桑—蚕—鸡（畜禽养殖），桑—蚕—菌（食用

冬天里的桑苗和桑蚕（熊定国摄于云南富源）

菌）等多种路子；企业也开发出很多的新品种，形成若干条产业链……

"东蚕西移"可为坚守18亿亩耕地红线的国策增加一重保障，可让西部大开发不再遭遇"西部大开挖"的诟病与尴尬，可变沙漠为绿洲、化石漠为负氧离子库，使石漠化治理实现生态效益、社会效益和经济效益的统一。

中国作为一个农业大国，向来"农桑为立国之本"。《资治通鉴》中描述，盛唐时期，陕甘地区"闾阎相望，桑麻翳野，天下称富裕者无如陇右"。

"桑麻翳野"是山川秀美的标志，是富裕的财源。"桑牧翳野，天下富足"，这是任荣荣教授工作的动力和明天的希望。

第四节 橡籽，真正的木本粮食

橡籽指的是栎属植物的坚果，形似蚕茧，故又称栗茧。橡籽外表硬壳，棕红

色，内仁如花生仁，含有丰富的淀粉，是号称比水稻、小麦"资格"还要老的粮食。人们食用橡籽的历史至少可以追溯到公元前600多年。在过去漫长的岁月中，橡籽一直是许多山区人民的主要食物。唐代皮日休有一首《橡媪叹》，诗中写道："秋深橡籽熟，散落榛芜冈，伛伛黄发媪，拾之践晨霜。移时始盈掬，尽日方满筐，几曝复几蒸，用作三冬粮……"从诗中可以看出，唐代末期橡籽还是民间的一种粮食。

橡籽含有丰富的蛋白质、脂肪、单宁、钾、钠、钙、镁等多种人体所需微量元素。据测定，橡籽中淀粉和蛋白质的含量略低于大米，每100克橡籽可提供600千卡热量和8克蛋白质；橡籽所含的氨基酸类似牛奶、豆类和肉类；橡籽中还含有胡萝卜素，维生素B_1、B_2和苹果酸。橡籽富含油脂，榨出的油类似于橄榄油，是一种很好的食用油。鉴于橡籽的营养价值，国外一些植物学家还乐观地预言，橡籽将成为

小贴士

橡树又名栎树，是对壳斗科栎属植物的通称。全世界共有栎树300多种，我国有60种左右，北方著名的橡树有辽东栎、蒙古栎，南方有青冈栎、高山栎、刺叶栎等数十种，栓皮栎、麻栎、槲栎、柞栎南北均有。栎树能适应广泛的气候和土壤条件，所以在热带、温带、寒带都有分布。橡树浑身是宝，生长迅速，抗干旱，少虫害，无需专人管理，荒山野岭，沙丘薄地，均可栽种。所结果实易保存，加工用途广泛，经济价值高；橡木坚实、耐腐性能好，是制作家具、农具、枕木、矿柱、电杆的好材料。橡木烧出的木炭，火力旺盛，经久耐烧。橡树皮和橡籽壳含有丰富的鞣质，是工业上提取栲胶的好原料。腐朽的橡木还可用来培植出营养丰富的鲜美可口的香菇和木耳。橡树叶是鹿最喜欢采食的粗饲料。

第九章 碧水蓝天莫再忧伤

未来的"木本粮食"。

过去，人们知道橡籽树是园林造景的优异树种。橡籽树是全日照乔木，充足的光照可以使秋季叶色更加鲜艳。嫩枝呈绿色或红棕色，第二年转变为灰色。红橡树的叶子在秋天变红，叶色逐渐变为粉红色、亮红色或红褐色，成熟后叶片一般有7~11个裂片。果实为坚果，长1.8~2.5厘米，棕色。幼树卵圆形，随着树龄的增加渐变为圆形。它的快速生长速度也是其他橡树望尘莫及的。按照每年生长61厘米的速度，生长10年可以达到18~22米高度，树冠15米左右的宽幅。同时，它与一般针形橡树相比更不容易患萎黄病，在秋季的色彩表现更是壮观。

现在，人们更了解到橡籽树是治理石漠化、防止水土流失、防除紫茎泽兰的理想树种，特别适宜在石漠化地区种植。更重要的是，橡籽树可有效防除入侵物种紫茎泽兰。恶性杂草紫茎泽兰对贵州农业（包括林业和畜牧业）造成严重危害，不少乡镇农牧林业遭受紫茎泽兰的危害是毁灭性的。橡籽树对紫茎泽兰具有特强的侵占能力，橡籽树成林的地方紫茎泽兰无法侵入。因此种植橡籽树可以有效防除紫茎泽兰这一生态灾害。贵州昌泰科技开发有限公司将紫茎泽兰干草与橡籽壳混合起来烧制质量上乘的木炭，几乎是对这一入侵物种唯一的利用方式。

昌泰公司发明了从橡籽中提取精制食用淀粉的方法，直接采用新鲜橡籽为原料，经过分级、脱盖、剥壳、水洗、浸泡、除杂、粉碎、过筛、质检、包V装等工序提取精致食用淀粉，而且在剥壳中采用砂轮磨将橡籽仁磨细成料浆，还设置了除杂工序，采用振动除杂去除混入淀粉的杂物和除渣，生产的淀粉产品不仅品质优异而且口感好，食用中绝对无砂，符合食用要求，出口韩国、日本，深受欢迎。该方法可将橡籽淀粉资源变成有益人体健康的产品。1千克橡籽淀粉可排出人体内0.12千克毒素。尤其重要的是橡籽含有其他植物很少的微量元素矾。矾能在人体内控制血浆和组织中脑酸浓度，控制磷脂氧化和COD-脱酶的活性，高血压高血脂患者长期食用可降血压血脂，肥胖者长期食用则能达到减肥、降脂、养颜、排毒的功效，从而控制和延缓人体衰老。

昌泰公司在面粉中添加20%的橡籽淀粉，加工成面条、面

紫茎泽兰的入侵已造成生物灾难（杨勇摄）

点、糕点等各色食品，不但口感好，营养价值更好，更能起到保护人体心脑血管系统、减轻和控制体重等保健作用，深受消费者的青睐。这就等于利用18亿亩耕地红线外的荒漠化土地，增加了20%的粮食产量。

第五节　干热河谷创奇迹

在我国西南美丽的崇山峻岭之间，蜿蜒奔腾的江水冲刷出沟壑纵横的河谷地带，独特的地理气候条件，造就了我国久负盛名的干热河谷。

干热河谷最大的特点就是干旱、高温、少雨，局部地区地面温度最高达80℃，年降雨量只有700毫米，但年蒸发量却达到甚至超过3 000毫米。300多年前，我国明代伟大的地理学家、旅行家和探险家徐霞客，在游览祖国的大好河山时，记录下这样一段文字描述干热河谷的景象："遥望峡中蒸腾之气，如浓烟卷雾。水与汽从中喷出，如有炉鼓风煽焰于下……四旁之沙亦热，久立不能停足也。"

> **小贴士**
>
> 干热河谷就是指高温、低湿河谷地带，大多分布于热带或亚热带地区。我国干热河谷面积约3.2万平方千米，主要分布在云南省、台湾省西北部、海南省西南部、四川省西南部的金沙江河谷地带，其中以云南省干热河谷分布最广，面积最大，主要在金沙江、澜沧江、怒江、元江、南盘江等干流及某些支流。

澜沧江干热河谷（杨勇摄）　　　　　　　　金沙江干热河谷（杨勇摄）

第九章 碧水蓝天莫再忧伤

干热河谷因为缺水,大面积的土地荒芜,河谷坡面的表土大面积丧失,露出大片裸土和裸岩地,土地荒漠化和石漠化现象十分普遍,水土流失特别严重。针对其光热资源丰富、气候干旱燥热、水热矛盾突出、植被覆盖率低、生物多样性缺乏、植被恢复困难等特点,如何充分利用干热河谷丰富的光、热、水、土、时、空等

雅鲁藏布江中有拉沙段的沙化景象(杨勇摄)

资源发展高效生态产业,因地制宜地改善干热河谷脆弱的生态环境,乃当务之急。

在金沙江干热河谷,广大农林科技人员与当地群众一道,引种、培育、选育多种适生生态经济林木,并以构建人工动植物群落、发展生态立体大农业的思路,努力提高单位荒山土地面积利用效率,初步走出一条在干热河谷发展"特色、高效、优质、有机"农林牧产业的新路子,为带动开发干热河谷潜在生物资源寻求到一个突破口,在自然环境恶劣的干热河谷创造了新的奇迹。

解培惠就是其中的佼佼者。他提出了"热带作物北移"的理念,依据低纬度的热带与"金沙江干热河谷地区"气候特征相似,将原本在北纬12°的印度生长的素有"绿色金子"之称的印楝,成功北移到中国北纬26°的金沙江干热河谷地区,取得了生态和经济效益的双丰收。按1万亩(40万株)印楝树计算,3年后可产印楝子400吨,每株10千克,每千克5元,产值2 000万元;可加工印楝油800吨,产值480万元;楝子枯3 200吨,产值320万元;印楝素6吨,产值1.08亿元;积材300立方米,产值180万元。

近年来,大批热带作物陆续成功北移,橡胶、西蒙得木、辣木、黄檀、咖啡、AP番荔枝、脐橙、芒果、毛叶枣、龙眼、荔枝、无核黄皮、花椒等移植均取得了成功,这不仅提高了干热河谷的植被覆盖率、增加了生物多样性,取得良好的生态效益和巨大的经济效益,激发了当地政府和农户种植经济作物的热情,从此,干热河谷的不毛之地逐渐变得郁郁葱葱,贫瘠落后的山谷变成了流淌着农民致富希望的"黄金谷"。

辣木是集营养、环保、燃油、天然保健食品、药品于一身的神奇天然健康植

荒漠产业经济：拓展人类生存空间

> **小贴士**
>
> 　　印楝的种子、树叶含有一种物质"印楝素"，主要富集在印楝种子的果核里，具有驱虫治病的功能，可广泛应用于医药、生物农药、优质有机肥、日用化工及建材等方面。印楝的神奇作用，曾被这样一个真实的故事所证实。说的是20世纪60年代，一位德国植物学家在印度考察时突然遇上一场蝗灾。当时，一群蝗虫遮天蔽日般地扑向一片作物，顷刻间一片绿色荡然无存！蝗虫飞走后，却有一棵树依然绿色葱郁，这就是印楝树。现在，金沙江干热河谷已成为生物农药的重要原料基地。

物，可预防多种疾病。1997年，美国基督教世界救济会与塞内加尔组织合作推动一项计划，将辣木加入当地人民的饮食中，用以对抗营养失调及预防疾病，有显著的成果。这种耐干旱且成长快速的树木也因此被称为"奇迹之树"，而渐为人所熟知。现代科学研究证实，辣木营养丰富、均衡，富有维生素A、B、C、E、蛋白质和钙、钾、铁等矿物质。每100克辣木的新鲜叶片中含维生素E 9毫克（干燥叶片为16.2毫克），蛋白质含量约为牛奶的2倍，维生素C含量约为鲜橙的7倍，维生素A含

> **小贴士**
>
> 　　西蒙得木是一种极为理想的油料树种，具有极高的经济价值。其油品质优良、稳定纯净，通常不需要提炼便可用作高温高速运转机器的润滑剂。此油在高温298℃反复使用不会改变性质，在高温370℃反复使用4天其性质不会改变。正是由于其具有耐高温、耐高压、耐腐蚀的特点，因此被广泛用作航空、航天、精密仪器高级润滑油。西蒙得木种子油无论在成分上还是在性质上均可与珍贵的抹香鲸蜡油相媲美，是唯一的抹香鲸蜡油代用品，国际上誉为"液体黄金"。

> **小贴士**
>
> 辣木（Moringa），白花菜目辣木科，原产于印度，又称为鼓槌树，是多年生热带落叶乔木。广泛种植在亚洲和非洲热带和亚热带地区，对土壤条件和降雨量有很强的适应性，在热带年降雨量250~1 500毫米的半干旱地区和年降雨量超过3 000毫米的热带湿润环境均能适应。辣木能适应砂土和黏土等各种土壤，在微碱性土壤中也能生长。适宜生长温度是25℃~35℃，在有遮荫的情况下能忍受48℃的高温，也能耐受轻微的霜冻。严寒可能使辣木的地上部分死亡，但严寒过后新芽仍可重新萌发长成植株。辣木通过种子或扦插繁殖，第一年可以长到4米，树干直径可达30厘米。

量约为胡萝卜的4倍，含铁量约为菠菜的3倍，含钙约为牛奶的4倍，含钾约为香蕉的3倍。诺贝尔医学奖获得者布鲁贝尔教授称赞辣木为完美的植物，是人类迄今为止发现的营养成分最丰富的植物之一。

印度、菲律宾等地人民在日常生活中食用辣木。鲜叶可作为蔬菜食用，干种子、幼苗的根干燥后可以打成粉末作为调味料，有辣味。辣木的花如兰花香，在略微变白之后也可以加入沙拉中食用。叶子干燥后亦有独特香气，种子食之如人参苦后甘甜，根才是较辛辣的部位，故中国人称它为"辣木"。辣木是目前世界上唯一已知的可以同时提供粮食和生物燃料的植物。辣木籽提炼出的精油既可作为烹饪的食用油，又可用于生物柴油。菲律宾农业专家伊拉加的研究结果显示，种植辣木，可以实现粮食与生物能源的"鱼与熊掌兼得"。

辣木不与粮争地，其抗旱、生长快的特质使之适合在各种贫瘠、恶劣的环境中的土地上种植，甚至包括海滩。辣木具有明显的高产性，每公顷辣木可以收获2万千克果实，而每千克辣木籽能提炼出400毫克的精油，如此计算每公顷辣木可产出8吨精油。美国麻省理工学院的研究也表明，辣木比国际上许多专家推崇的麻疯树更适合作为生物燃料的原料，因为辣木不像后者那样会产生有害的副产品，而且辣木并不适合在稻米耕地上种植，这印证了伊拉加关于辣木不与粮争地的观点。现在，菲律宾生物产业界已经开始行动起来。美国"北美生物燃料公司"近期在检测了菲开发辣木项目的先驱企业赛库拉公司所提供的100千克辣木籽样品油之后，已决定放弃麻疯树，考虑与赛库拉公司在菲合作开发50万公顷的辣木种植项目，作为其生物燃料的原料基地。

解培惠们正在金沙江干热河谷以科学实践创造中国的辣木神话！

然任重而道远，我们还有很长的路要走。

第十章
重塑家园——拓展人类生存空间

荒漠化正在蚕食人类唯一的家园！保护地球，重塑家园，拓展人类生存空间已经刻不容缓！

事实上人类已经开始为自己将来的生存空间做打算。

第一节　比改造火星更现实

人类将在未来登上火星。前一百年在火星上建设几百个生产强效温室气体——全氟化碳的化工厂，化工厂向大气排放全氟化碳，温室效应令整个火星变暖，暖化的火星释放出冷冻的二氧化碳，二氧化碳会促进温度升高，从而将火星大气压力增加到能让液态水存在的程度。然后人类只要向火星撒下地球上植物的种子，等待若干年，火星上的植物种子开始发芽生长，释放出氧气，于是就创造了生命的条件。这样，人类就将红色的火星改造成了人类可居住的绿色家园。这事听起来好像是"火星人"的设想，但其实不是，这是我们地球上科学家正在讨论的严肃话题。

科学家提出"再造一个地球"，就是把许多方面都酷似地球的火星"改造"成适合人类居住的星球,从而使之成为人类的"备用地球",以此拓展人类生存的空间。

我们真的可以改造火星吗?

从理论上讲是有可能的。然而从实践上讲,是不容乐观的。

姑且不论要把"绝对寒冷、干燥、贫瘠、荒芜"的红色火星改造成适合人类居住——哪怕必须居住在严密封锁的穹顶状天幕内、外出时身着笨重的"外出服"、带着氧气瓶——的绿色甚至蓝色星球在技术上是否可行以及需要人类付出的无法估量的高昂代价和时间,我们应该意识到,如此难以想象的"超级大工程",可能给太空生态带来另一种无法弥补的灾难。

更何况,"如果人类不能很好地保护地球——人类当前唯一的家园,也许会在我们的(火星)移民梦想和移民努力还没来得及实现之前,地球上的生态系统和社会系统就先行崩溃了。那将是人类最大的悲剧!"[①]

所以,在人类实施火星改造工程之前,我们应该更加务实一点,把目光从遥远的火星拉回到地球,聚焦到全球多达3 600万平方千米(截至2008年)的荒漠化土地上。这一数字几乎等于俄罗斯、美国、加拿大和中国这四个地球上国土面积最大的国家国土面积的总和,而且还在以相当于每年吞噬一个比利时和丹麦的速度扩展!这些荒漠化的土地,完全不像火星那般"绝对寒冷、干燥、贫瘠、荒芜",无论大气压力、成分还是温度等因素,与人类生存着的地球其余部分并无二致,更无太空辐射的影响,很多地方原本就是生机盎然的沃土,是我们人类曾经生活过的美好家园。

本书第三章阐述的发展荒漠产业经济的概念、范畴、原则与方法,以及从第四章到第九章所罗列的人们从事发展荒漠产业经济的实践,都清楚地告诉我们:地球上的荒漠化土地才是人类从现在开始的数百年内拓展自身生存空间的重点!

至少在现有科学技术水平下,治理和利用地球上的荒漠化土地,发展荒漠产业经济,重塑我们的美好家园,比改造火星来得更现实些。

第二节 土地产权的制约

土地本是人类赖以生存的"命根子",是什么原因促使人们如此疯狂地对土地进行掠夺式经营,甚至不惜采取滥垦、滥牧、滥采、滥伐、滥用水资源等极端行为

[①] 欧阳自远,刘茜.再造一个地球[M].北京理工大学出版社,2008.

第十章 重塑家园

竭泽而渔、杀鸡取卵呢？

一个简单的例子可以帮助我们分析这个问题。假设一群牧民同在一块公共草场放牧，不必支付任何费用。为了增加自己的收益，牧民一定会增加自己的羊的数量。结果每个牧民都增加自己的羊的数量，最后导致草场退化，无法养羊。这就是所谓的"公地悲剧"。"公地悲剧"告诉我们，公共草场表面上人所共有，其实是"无人所有"。公共草场实际上的产权空位是所有牧民想增加自己羊的数量的最根本动因，进而是草场退化的根本的触发机制。土地荒漠化是否也存在类似的触发机制呢？

答案是肯定的。以中国为例。我国的土地目前有国有和集体两种所有形式，即城市的土地属于国家所有；农村和城市郊区的土地，除由法律规定属于国家所有的以外，属于集体所有。由此看来，荒漠化土地主要是集体所有。

按照现行法律规定，农民集体所有从理论上是作为集体成员的每个农民都有，但现实中的集体是一个抽象的集体，集体所有是一个空的、虚的集体所有，好像人人都有，其实人人都没有。在实践中，农村集体经济组织或村委会成为集体土地的实际代理人，经营和管理土地；而国家又对"农民集体"行使土地所有权超法律限制，这使本来在法律上已经虚拟化了的"农民集体"只能是有限的土地所有权人。因此，土地集体所有，无论从哪个方面来看，农民都没有完整意义上的土地所有。土地承包制度规定：实行所有权与经营权分离，所有权归农村集体经济组织，经营使用权归农户，但对所有者和经营者各自的责、权、利没有明确规定，致使产权边界不清，经营者无法对未来收益有稳定的预期。另外经营者承包的集体土地使用期终止时，没有明确的有关财产规定，经营者对土地本身的投资积累、土地肥力积累、土地上附着物及其他不可分离的财产都面临归属的不确定性。试想这样一个仅有不完全产权、对未来收益无法明确预期、土地使用年期终止财产归属不确定的经营者怎么可能对土地进行长期投资、长远经营呢？尽可能多、尽可能快地从土地获得收益就成为这样的经营者的必然选择。土地荒漠化的结果也就几为必然。

显然，不合理的土地产权制度是触发土地荒漠化的深层机制。

要从根本上抑制土地荒漠化的趋势，必须在农地产权制度上创新。首要任务是明确农地产权主体，界定各项权能的边界，明晰农地使用过程中各经济主体的责、权、利，使农地经营者真正拥有完整的土地产权。其次，在目前土地公有制的前提下，大幅度延长经营者的土地使用期限，从保护私人财产的角度出发，合理规定使用年期终止时财产的继承、归属和补偿。明晰的土地产权使经营者对土地拥有了排他性的明确权利，较长期的使用期限和明确的年期终止财产制度使经营者对土地的收益有了稳定的预期，这样就能从根本上消除土地经营者掠夺式经营土地的动机，保证土地可持续利用，为抑制土地荒漠化提供条件。

对于已经荒漠化的土地应当在产权方面进行哪些改革以促进荒漠化治理呢？荒漠地治理过程耗资巨大，前期投入多，周期长，只有进行大面积、长时间的整体治理才有可能获得明显的经济效益，否则可能入不敷出。荒漠区的农户大多生活不富裕，缺乏资金和先进的技术，因此以家庭承包的方式来治理荒漠化土地不会取得满意的效果。为此，《土地承包法》为社会公众参与荒漠化治理开辟了两条渠道：一是允许不宜采用家庭承包方式的荒山、荒沟、荒丘和荒滩等农村土地，采取招标、拍卖、公开协商方式承包；二是允许通过家庭承包取得的土地承包经营权依法采取转包、出租、互换、转让或者其他方式流转。这两条规定为利用社会资本、规模化治理荒漠化土地扫清了障碍。尤其是后一条，在引入市场机制的同时，保护了当地农民的权益。

然而，在实际工作中却遇到尴尬。承包给了农牧民的荒漠化土地，承包者不但没有能力进行科学治理，有的地方甚至出现由于不合理开发利用荒漠化土地而加剧土地荒漠化的情况。而一旦有企业、机构或有能力的个人要对荒漠化土地进行治理时，则承包者漫天要价，使治理者在投入治理之前就要为取得荒漠化土地的治理权和使用权而付出一大笔资金。这样一来，使得许多有志于治理荒漠化土地的仁人志士和企业机构望而却步，甚至打退堂鼓。这无疑极大地阻碍了治理荒漠化的进程，与《防沙治沙法》"鼓励和支持单位和个人防沙治沙"的规定是相悖的。

2008年，我国全面启动了旨在"明晰产权、承包到户"的集体林权制度改革。通过深化改革，完善政策，形成集体林业的良性发展机制，实现资源增长、农民增收、生态良好、林区和谐的目标。在坚持集体林地所有权不变的前提下，依法将林地承包经营权和林木所有权，通过家庭承包方式落实到本集体经济组织的农户，确立农民作为林地承包经营权人的主体地位。林地的承包期为70年，承包期满，可以按照国家有关规定继续承包。

这本来是件大好事。办好了，有利于解决集体林权归属不清、权责不明、利益分配不合理、林农负担过重、经营体制不强、产权流转不规范等制约林业发展和农民增收问题，通过明晰产权、放活经营、规范流转，激发广大林农和各种社会力量投身林业建设的积极性，解放和发展林业生产力，使林业蕴藏的巨大经济和生态效益尽可能地发掘出来，实现经济社会的持续健康发展。

可在实施的过程中，问题又出现了。好些本来一棵树也没有的荒漠化土地，却也被划为"公益林地"或"商品林地"。而如果是公益林地，那么你当然可以在上面种树，而且国家每年还补助每亩10元钱，但地上栽植的树木是不可以砍伐的，也就是说，公益林是不可以追求经济效益的。而商品林地呢？你当然可以通过流转取得使用权，而且可以在地上种树种草种药材，可以创造利润，还可以依法取得"林权证"。但事先你必须为取得这样的土地使用权而掏钱！掏多少？那可没准！得看地是谁的！

地不是承包给农民了吗？没错！那是国家规定的。但你也许不知道，有很多"有头脑、有关系、有能耐"的城里人，早就瞄上了林权制度改革这个发财的好机会，把大片的"商品林地"流转到了自己手里。谁要来治理、开发这些土地？可以！但得从他手里再承包或租赁。价钱嘛，当然是他说了算！

这还能有谱吗！这样的林权制度改革，显然对这些荒漠化土地的治理又形成了极大的障碍。我们曾以"两会"提案的形式建议，保持荒漠化土地的国有性质不改变，可由地方政府无偿划拨或承包给有能力科学治理和合理开发利用的企业、社会团体和个人（治理者），允许治理者无偿取得不同程度荒漠化土地不同年限的使用权。对于轻度、中度和重度荒漠化土地，可允许治理者分别无偿取得30年、50年和70年的使用权，以充分调动社会各界积极性广泛参与治理荒漠化的伟大事业。对于已经分包到户的荒漠化土地，由当地政府无条件收回，交由治理者进行治理；对于已经治理好的土地，在治理者依法取得使用权年限届满后，再由当地政府将土地使用权承包给农牧民，且可依法流转。对于确实由于条件限制而对市场没有吸引力的荒漠化地区，国家宜设立生态无人区和封闭区，土地产权归国家所有，由国家承担这些地区的荒漠化治理。

我们同时建议中央和各级地方政府加强荒漠化土地的调查和评价，加强荒漠化土地治理与利用的指导和监管，坚决杜绝因为不恰当的治理与利用而造成二次生态破坏甚至加剧土地荒漠化的现象发生。

第三节 利益冲突与机制障碍

2010年4月26日，央视《经济半小时》播出《亲历"黑风暴"》，阿拉善左旗乌西日格嘎查的牧民白花家的草场就在两个沙漠的交汇处，植被已经十分稀疏，而羊群经常践踏的地方完全寸草不生，但白花还在这里放羊。白花的做法可能会受到环保主义者的批评。但白花说的一句话让我们理解了白花的选择，也理解了挣扎生活在荒漠化地区的农牧民面对生活和生态环境时的无奈选择。白花说："那不靠着这个，你干啥，娃娃还念书，还是学生。"白花的话让我们明白，白花和像她一样的农牧民面对的是生活的基本保障问题，而不是生活的质量问题。国家提出的防治荒漠化、改善生态环境的需求不是"白花们"的最迫切需求，双方在利益追求上是存在冲突的。

白花和国家都是参与土地荒漠化防治的不同利益主体。土地荒漠化防治涉及的利益主体主要有三类，分别是以荒漠区农牧民和企业为主体的微观利益主体，以地方政府为代表的地方生态公共物品保护与供给的代理者和以国家为代表的宏观利益主体。参与土地荒漠化防治的不同利益主体间的利益冲突主要表现在以下几个层面：

一是国家与农牧民间的利益冲突。国家代表全国人民利益，期待通过荒漠化防治确保全国生态安全，其利益追求是生态效益优先，生态环境与经济协调发展。农牧民和企业代表自身的利益，在期待生态环境改善的同时，其利益追求是自身经济利益最大化。

二是国家与地方政府间的利益冲突。地方政府承担着经济建设和生态环境保护的双重任务，在目前以GDP为主要考核指标的地方政府绩效评价体系下，生态保护的重要性难以超过经济发展，参与荒漠化防治的地方政府在追求生态效益的同时，相比国家而言，其更加注重追求经济效益。

三是地方政府与农牧民、企业间的利益冲突。地方政府毕竟是地方生态公共物品保护与供给的代理者，相对于农牧民和企业而言有更强烈的愿望去改善生态环境。但是当农牧民或企业的经济活动与地方政府发展当地经济的需求相合时，地方政府可能与农牧民或企业就发展经济，牺牲环境达成妥协。

当前，正是参与土地荒漠化治理的利益主体间的利益冲突导致各利益主体难以在土地荒漠化治理上形成合力，使土地荒漠化治理困难重重，效果大打折扣。而地方政府与农牧民或企业间在发展经济、牺牲环境上的妥协，对荒漠化治理也是一个巨大的伤害。在《亲历"黑风暴"》的节目中，我们看到内蒙古中部的三宝窑子村附近的大型露天煤矿对周围生态环境的巨大破坏，但是由于煤矿的建设增加了当地的GDP，那么即使它破坏了生态环境，它的建设依然得到了批准。

制约我国土地荒漠化防治效果的机制障碍还不仅限于不同利益主体间的利益冲突，正如上节所分析的，土地产权的不明晰是荒漠化防治最本质的机制障碍。从荒漠化防治模式上来看，我国过去一直是政府加农户的防治模式。政府尤其是国家承担了荒漠化防治的大部分投资，一家一户的农牧民负责防治工作的具体实施。政府拿钱防治土地荒漠化固然是好事，但是政府财力有限，其投入远远不能满足土地荒漠化防治的需要。于是政府财政雨露滋润到的地方，荒漠化防治就做得比较好一点，生态环境向好的方向转变。而没有获得政府支持或政府支持较弱的地方，土地荒漠化则继续发展。此外，依靠分散的农牧民作为荒漠化防治工作的具体实施者也有问题。荒漠化地区的农牧民经济条件差，生活压力尚且沉重，哪有能力承担土地荒漠化防治工作！

防治荒漠化迫切需要创新机制。必须改革目前荒漠化防治的体制机制，以利于更好地适应当前土地荒漠化防治和经济发展的需要。为此我们建议，第一要完善土地产权制度，赋予农牧民长期稳定的使用权，充实农牧民土地使用权内容，使农牧民土地使用权至少包含排他性占有权、开发权、收益权、转让权、租赁权、入股权、抵押权和继承权。让农牧民在心理上认同土地就是自己的，像爱护眼睛一样爱护土地。第二要创新荒漠化防治模式，通过市场机制，吸收民间资本，鼓励社会投资，形成政府、社会、企业、个人齐心协力防沙治沙的局面。《防沙治沙法》已经在这方面做出规定，允许单位和个人均可以参与公益性或者营利性治沙活动，这是国家立法肯定的新型治沙模式。第三要创新地方政府评价考核体系，推进绿色GDP考核模式，继续扭转地方政府重经济、轻生态的局面。

当然，土地荒漠化防治是一项系统工程，有好体制没有好技术不行，有好技术没有好观念也不行，因此需要体制创新、技术创新、观念创新协同进行，还需要全社会共同的努力。记住我们每人在北京节约一升水，就可能在河北保护一片地。

第四节　依靠科学技术

防治荒漠化、发展荒漠产业经济需要依靠增加投入、创新机制、转变发展理念，但归根结底要依靠科学技术。没有科技的支撑，再好的发展理念也难以实现，再完善的机制也难以运转，再大投入也难以产生应有的效益，也就走不出以往的困局。

科学技术不仅在防治土地荒漠化方面起着决定成败的作用，对荒漠产业经济的发展也至关重要。我国建立了沙生植物基因库。在实际的治沙方法上，广大的科技人员和人民群众发明创造

了草方格沙障固沙技术、高大沙堤加机械沙障阻沙技术、活沙障固沙植物种选择技术、小网格窄林带防护林建设技术、流动沙地飞播固沙造林技术、铁路和公路沿线固沙防沙技术、绿洲防护林体系建设技术、干旱荒漠区造林树种选择及造林技术等。其中草方格沙障固沙技术被称为中国的第五大发明,是世界治沙史上的一个伟大创举。多种技术交叉配套使用,形成多个体系和模式,建立了完善的防沙固沙系统。

荒漠化防治的关键是提高水资源的利用效率。在荒漠化地区推广先进的农业节水技术和适合当地的经济作物类型,不仅有利于沙漠的治理和生态环境的改善,并且大大提高了当地的经济收入和人民生活水平。

科学家在节水技术研究方面已经取得很好的进展。比如,用"低压渗水管道技术"代替农渠和毛渠输水灌溉,可以减少输水渗漏损失30%~35%,减少蒸发量90%以上。"高大沙丘滴灌节水造林技术"可节水70%~80%。德国研发的新一代智能滴灌系统,利用传感器能根据土壤的湿度自动控制滴灌水到植物的根部,使每颗植物始终获得完全一样多的水,成本低廉,需要的水压低,无需电力能源,节水、增产、防止盐碱化效果显著,易于操作且免维护,是极具推广应用价值的微型灌溉系统。北京的民间科技人员以他们自己发明的能够自动捕捉风向和避让特大风的智能风力发电为动力,配以他们自行发明的高效水泵,做成无动力高效提水灌溉系统,

第十章 重塑家园

已喷洒DBP（沈炜敏摄）　　　　　　　　未喷洒DBP（沈炜敏摄）

使普通电源无法触及的大漠深处也能利用风能作为动力，提水灌溉。

这些年在实际工作中接触到一些非常有应用价值的技术，由于篇幅所限，仅简单罗列数宗如下：

（1）DBP沙地植被保护剂：这是上海彼依西科技有限公司引进美国技术、针对我国沙漠和沙地土壤的实际情况研发生产的产品，无毒、无害、无二次污染，在内蒙古、甘肃、新疆、宁夏等省区应用实践，结果表明使用DBP后使土壤含水量提高5.3%~6.5%，植被盖度提高20%~40%，植物高度提高2~6厘米（以草为例），地上生物量增加5%~15%，根深（以草为例）和根幅分别提高3~6厘米和2~9厘米，符合国际TCLP环保测试标准，使沙粒结构的土壤变成网状结构，增加了土壤中植物根系所需的氧的含量，促使根须加速生长，地表粗糙度增加10倍至数百倍，降低近地表风速10%~20%。

（2）竹纤维土壤改良高效增肥剂：这是我国台湾施正隆教授以其发明的第六代酵素技术为依托研发的纯生物有机产品，不但可以明显提高作物和蔬果产量，尚能大幅度改善产品品质和口感，也能使土壤形成团粒化、膨松化，增加土地养分吸收固化能力，恢复土壤的活力与肥力，具有一举数得的多种综合功效，被誉为"化肥时代的终结者"。

（3）凹凸棒土环保型保水剂：中国科学院兰州化学物理研究所的王爱勤教授研发的新型保水剂，采用天然非金属矿凹凸棒土为原料，不含任何有毒有害物质，且能吸附去除土壤中的重金属，具有天然、环保、低成本等特点，使得这项技术及其产品占有明显的优势，在农业、林业和园林绿化等领域具有广阔的应用前景，尤其可跟治理荒漠化、发展产业化结合起来，在沙化、石漠化、盐碱化土地的治理和利用以及矿区生态修复等方面都可能得到广泛应用，还能为农业增效、农民增收、

日本一棵树龄超过30年的樱桃树，所有人都不抱希望还能开花结果，但在使用该产品后仅仅两年，已经硕果累累，且果实色泽鲜艳、子粒饱满、形状规则、口感极佳、汁多味甜（施正隆提供）

解决"三农问题"做贡献。

（4）农作物秸秆制取液化气技术：利用1千克小麦、玉米、棉花等农作物秸秆和树枝、沙柳等为原料，可制取1立方米以上的燃气，且热值超过4 000大卡，可24小时连续生产，产生的焦油可回收利用，可压缩成罐装液化气。此项技术的推广，可解决农村能源问题，"使农作物秸秆变成了一个大油气田"。

（5）沙漠凝结粉：爱国华侨杨九山先生投资数千万元、历经数年研发、在十多个国家和地区取得发明专利的防治沙漠的凝结粉，利用从石油和植物中提取的无毒无害原料，制成凝结粉，撒铺或与细沙混合后铺在沙漠表面，经太阳照射迅即与沙粒粘结在一起，对流沙起到固定的作用。而所形成的固结层透气透水，可以栽树种草，是解决流沙固化、荒漠化治理和防风固沙的理想途径。该产品具有原料易得、使用方便、见效快速、绿色环保等特点。

（6）DMC清洁节能制浆技术：英籍华人杨大卫先生发明的DMC清洁节能制浆技术是一项能够对我国造纸工业发展产生深远影响的重大科技创新。这一创新成果的应用能够使重污染的制浆生产转变为清洁生产；能够使资源高消耗的制浆工业变为资源节约型工业；能够使我国从纸品消费大国和进口大国成为造纸生产强国。这项创新成果的推广应用将成为我国建立资源节约型和环境友好型社会的典范。

（7）Revitec生态恢复技术：德国不莱梅大学研制的Revitec生态恢复技术，采用充填生物活性混合物制作"肥岛"，可持续提供有机质和养分，大大增强水分储存能力，可有效改造和利用荒漠化土地。

时至今日，人类已经拥有了上天入地的本领，但人仍是自然界的普通一员。人与自然的关系不是一个已经逝去的传说，也不仅仅是正在展现的人的生活，而是向未来永续延伸的一个文明主题，我们只能选择一种真正属于人类的生存方式来求得人与自然之间的和谐。历史经验告诉我们，生态兴则文明兴。因此，保障现在的生态安全，就是保护子孙万代的家园，从而保证人类文明的延续。

有人说，只有当今中国才能承担起治理荒漠化的重任。这当然是对的。

我们说，治理一片荒漠，致富一方百姓，带动一方经济，造福万代子孙，是我们共同的心愿与理想。

驿动您的慈悲之心，伸出您的友善之手，为地球母亲的健康献上一片爱心，贡献一份力量！

秀美山川，千秋功德！

（2011-1-23初稿，2月19日再稿，4月9日终稿，北京）

后 记

　　终于在键盘上敲下了本书的最后一个字符。历时近两年的撰写工作终于告一段落。

　　可我的心情并不能有丝毫的轻松。

　　首先，对于本书开头的章节所描述的各种类型荒漠化的真实情景，始终萦绕在我的头脑里，从来不曾散去。纵观整个地球，被无情吞噬的人类文明，满目疮痍的山山水水，无家可归的野生动物，家徒四壁的生态难民……始终敲打着我的灵魂。治理荒漠化，发展荒漠产业经济，本是功在当代、利在千秋的宏伟大业，我们写的这本书，能够引起众人的共鸣、启迪一部分人的觉悟、吸引哪怕数量不太多的人加入这个神圣的行列吗？

　　我有些诚惶诚恐。

　　其次，对于完成的书稿，我并不满意。甚至有太多的遗憾。

　　接受编写这本书的任务，还是在2009年的初春，那时候我正在云南出差。有一天接到安理事长的电话，说北京理工大学出版社的范春萍老师正策划出版一套环保题材的丛书，其中有关于治理荒漠化的一册，由我们俩来承担，让我马上拟一个提纲，发给范老师。

　　我深感机会之难得，也深感责任之重大！我几乎没有考虑，脑子里就蹦出了《荒漠产业经济——拓展人类生存空间》这个标题，就在出差途中当即拟就了一份提纲（最初的那一份），来不及请理事长审阅，电话里向他老人家报告获得准许后，第一时间发给了范老师。

后 记

从那时开始，我们的脑子里就不停地琢磨、经常讨论如何写这本书，直到刚才敲下键盘上的最后一个字符。

一开始，我们对写出甚至写好这本书信心满满！这些年跟随理事长从事治理荒漠化、发展产业化的事业，走过了许多地方，参加了许多次会议，积累了许多的资料，接触了许多的企业和人，做了许许多多的思考。通过不断的思考，形成了较为系统的思路，提出过一些与以前大不相同的战略，有太多的信息、感悟要告诉读者。这足以写成一本书，甚至一本好书。

但是实际的情形当然不是这样。

与范老师见了面之后，才知道这本书的选题，是范老师在一次活动上听了安理事长的演讲，了解到土地荒漠化的严重性，并且了解到荒漠化不但可以治理，而且通过治理荒漠化、发展产业化还能创造巨大财富。据范老师说，这是她所听到过的许许多多环保主题的演讲中，唯一能给人们带来正面鼓励的一次演讲。所以在"回望家园"选题时，一开始就考虑了这方面的内容。

对确定本书的题目和内容，范老师都充分尊重我们的意见。

问题在于，这是一套高端科普书，既要让具有高中以上文化程度的读者看得懂，有可读性；又要有一定的理论高度，不失知识性和权威性。语言既要朴实通俗，又要有一定的"鼓动性"，激发起人们的环保热情。好难哪！

多年以来，我们习惯于写调查报告、研究论文或是起草政府文件，从来没有写过科普著作。因而觉得这样的要求实在高得很嘞！

需要下很大的功夫适应这样的要求。光是目录的草拟和反反复复修改，我们就花去整整3个月的时间！

本书涉及面太广，素材太多，如何甄选和表达，是另一大难点。

就我国而言，数十年来从事荒漠化治理的英雄就有无数。他们当中既有"种树种到了联合国"的王果香，有功成名就、大名鼎鼎的王文彪、赵永亮，有全国治沙标兵王有德、宝日勒岱，也有默默无闻的八步沙"治沙六老汉"、斛律美英夫妇，还有到中国来治沙的国际友人远山正瑛、易解放、权丙炫，等等。有大学教授，有企业家，有青年志愿者，也有身残志坚者！他们付出的艰辛是难以想象的。为了治理荒漠化，他们付出了所有的财富、毕生的心血、美好的青春直至宝贵的生命！

我们想多多表现他们。

许多人在苍茫大漠、在荒凉戈壁、在盐碱旷地、在怪石嶙峋间、在紫色盆地里、在干热河谷中……在人见人畏、人见人厌的荒漠化土地上，默默地耕耘着，实践着，摸索着，奉献着。他们为治理荒漠化、发展荒漠产业经济做出了最好的诠释，让更多的人看到了希望，为更多的人树立了榜样。

我们想多多表现他们。

可我又当然不可能在书中一一列举。

于是成为了很多的遗憾。

这些遗憾会成为本书的缺憾。但愿这些遗憾不会成为永远。

在本书的撰写过程中，范春萍老师给予了反复的鼓励和帮助；我的好友、在青藏高原独立考察研究20多年的"自然之子"杨勇提供了大量图片；在熊友才教授的精心组织和指导下，兰州大学富广强、王然、李朴芳、孔海燕、王耿锐、张小丰、杨森、赵旭喆、熊俊兰、周宏、李冀南、李志华、王建永以及石河子大学的朱宏伟、陆爽等老师和同学收集、提供了部分素材和图片，并帮助进行了部分章节文字的初步整理；在写作的过程中，借用了好多朋友的素材、照片、数据、观点甚至成段文字，从网上下载了部分图片，在此一并致谢！凡未能一一标明出处者，实在是由于来不及查证或无法查证，敬请原谅！

由于作者水平有限，谬误之处在所难免，还请读者朋友多多批评指正！

作者，2011年4月9日于北京

主要参考文献

[1] 仪名海，熊定国.防治沙漠化——全球在行动［M］.北京：中国农业出版社，2006.

[2] 熊定国.木棉全身宝 植物"软白金"［J］.中国绿色画报，2008（4）.

[3] 李文华，熊定国.木棉产业导引［M］.北京：中国纺织出版社，2009.

[4] 胡跃高，熊定国，等. Principles and Practices of Desertification Control［M］. China Meteorological Press，2007.

[5] 冯鑫媛，王式功，程一帆，杨德保，等.中国北方中西部沙尘暴气候特征［J］.中国沙漠2010，30（2）：394-399.

[6] 郭慧，王式功，李栋梁，等.甘肃春季（3-5月）沙尘暴成因分析［J］.中国沙漠，2005，25（3）：412-416.

[7] 钱莉，李岩瑛，杨永龙.河西走廊东部强沙尘暴分布特征及飑线天气引发强沙尘暴特例分析［J］.干旱区地理，2010，33（1）：29-36.

[8] 邱新法，曾燕，缪启龙.我国沙尘暴的时空分布规律及其源地和移动路径［J］.地理学报，2001，56（3）：316-322.

[9] 钱正安，宋敏红，李万元.近50年来中国北方沙尘暴的分布及变化趋势分析［J］.中国沙漠，2002，22（2）：106-111.

[10] 王式功，董光荣，陈惠忠，等.沙尘暴研究的进展［J］.中国沙漠，2000，20（4）：349-356.

[11] 徐国昌.强沙尘暴天气过程中的若干问题思考［J］.干旱气象，2008，26（2）：9-11.

[12] 徐国昌，陈敏连，吴国雄.甘肃省"4.22"特大沙暴分析［J］.气象学报，1979，37（4）：26-35.

[13] 徐启运，胡敬松.我国西北地区沙尘暴天气时空分布特征分析［C］//中国沙尘暴

研究.北京：气象出版社，1997：1-10.

［14］叶笃正，丑纪范，刘纪远，等.关于我国华北沙尘天气的成因与治理对策［J］.地理学报，2000，55（5）：513-520.

［15］尹晓惠.我国沙尘天气研究的最新进展与展望［J］.中国沙漠，2009，29（4）：728-734.

［16］张林嫒，孙金秀.风沙尘暴的非致癌性健康效应［J］.中华预防医学杂志，2002，36（3）204-206.

［17］张瑞军，何清，孔丹，等.近几年国内沙尘暴研究的初步评述［J］.干旱气象，2007，25（3）：88-94.

［18］Docker y DW, PopeCA, XU X, et al. An association between air pollution and mortality in six US cities［J］. N Engl J M ed, 1993, 329: 1753-1759.

［19］Lee C T, Chuang M T, Chan C C, et al. Aerosol characteristics from the Taiwan aerosol supersite in the Asian yellow-dust periods of 2002［J］. Atmospheric Environment, 2006, 40（18）: 3409-3418.

［20］Zhou Zijiang, Wang Xiwen. Analysis of the severe group dust storms in eastern part of Northwest China［J］. Journal of Geographical Sciences, 2002, 12（3）: 357-362.

［21］常兆丰，赵明.民勤荒漠生态研究［M］.兰州：甘肃科学技术出版社，2006：45-197.

［22］丁宏伟.石羊河流域绿洲开发与水资源利用［J］.干旱区研究，2007，24（4）：416-421.

［23］丁宏伟，张举，吕智，等.河西走廊水资源特征及其循环转化规律［J］.干旱区研究，2006，23（2）：241-248.

［24］戴晟懋，邱国玉，赵明.甘肃民勤绿洲荒漠化防治研究［J］.干旱区研究，2008，25（3）：319-324.

［25］胡鞍钢.关于设立国家生态安全保障基金的建议——以青海三江源地区为例［J］.攀登（双月刊），2010，29（1）：1-4.

［26］胡金明，崔海亭，唐志尧.中国沙尘暴时空特征及人类活动对其发展趋势的影响［J］.自然灾害学报，1999，8（4）：49-56.

［27］蒋志荣，安力，柴成武.民勤县荒漠化影响因素定量分析［J］.中国沙漠，2008，28（1）：35-38.

［28］李晋昌，魏振海，张彩霞.民勤荒漠化过程中气候综合指标的年际变化［J］.干旱区资源与环境，2010，24（4）：72-76.

[29] 李长江, 曾鹰. 生态危机: 当代技术文化危机与系统转化 [J]. 理论导刊, 2010, 4: 25-28.

[30] 马金珠, 魏红. 民勤地下水资源开发引起的生态与环境问题 [J]. 干旱区研究, 2003, 20 (4): 261-265.

[31] 蒲卫晖. 甘肃民勤生态状况调查与分析 [J]. 中国农学通报, 2008, 24 (5): 514-518.

[32] 葛安新. 生态环境建设是人类文明进化的基础 [J]. 陕西林业, 2000 (1): 28-29.

[33] 孙保平. 基于RS和GIS的绿洲植被与荒漠化动态研究 [D]. 北京: 北京林业大学博士论文, 2003.

[34] 宋冬梅, 肖笃宁, 张志城, 等. 甘肃民勤绿洲的景观格局变化及驱动力分析 [J]. 应用生态学报, 2003, 14 (4): 535-539.

[35] 孙涛, 王继和, 刘虎俊, 等. 民勤绿洲生态环境现状及恢复对策 [J]. 中国农学通报, 2010, 26 (7): 245-251.

[36] 吴瑾冰. 民勤地区大震——古地理和沙尘暴的关系 [J]. 灾害学, 2004, 19 (2): 64-68.

[37] 王绍武, 董光荣. 中国西部环境特征及其演变(第一卷) [M] // 中国西部环境演变评估. 北京: 科学出版社, 2002: 56-58.

[38] 王训明, 李吉均, 董光荣, 等. 近50年来中国北方沙区风沙气候演变与沙漠化响应 [J]. 科学通报, 2007, 52 (24): 2882-2888.

[39] 亚行技术援助甘肃省优化荒漠化防治方案项目成果汇编 [Z]. 兰州: 甘肃省林业厅, 2003: 344-354.

[40] 颉耀文, 袁春霞, 史建尧. 近15年甘肃民勤湖区景观格局动态变化分析 [J]. 兰州大学学报: 自然科学版, 2008, 44 (1): 11-16.

[41] 朱宁华, 谭晓风. 撒哈拉沙漠蔓延区生态恢复先锋树种选择试验 [J]. 中南林业科技大学学报, 2008, 26 (6): 66-70.

[42] 王宇欣, 段红平, 等. 设施园艺工程与栽培技术 [M]. 北京: 化学工业出版社, 2008.

[43] 张福墁. 设施园艺学 [M]. 北京: 中国农业大学出版社, 2001.

[44] 李天来. 我国日光温室产业发展现状与前景 [J]. 沈阳农业大学学报, 2005, 36 (2): 131-138.

[45] 王宏丽, 李凯, 代亚里. 节能日光温室发展现状与存在问题 [J]. 西北农业大学

学报，2000，28（4）：108–112.

［46］李天来，齐红岩，齐明芳. 我国北方温室园艺产业的发展方向［J］. 沈阳农业大学学报，2006-06，37（3）：265–269.

［47］李春花. 燕麦的营养成分及营养保健价值的研究进展［J］. 现代农业，2010，5：134–135

［48］王波，宋凤斌. 燕麦对盐碱胁迫的反应和适应性［J］. 生态环境，2006，15（3）：625–629

［49］曲样春，何中国，郝文媛，架天浩，李玉发. 我国燕麦生产现状及发展对策［J］. 杂粮作物，2006（3）：233–235.

［50］鞠淼. 盐及盐碱混合条件对燕麦胁迫作用的比较［D］. 长春：东北师范大学，2009.

［51］王贞. 中国燕麦填图［D］. 兰州：兰州大学，2006.

［52］Sacilik K, Ooztuurk R, Keskin R. Some physical properties of hemp seed［J］. Biosystems Engineering, 2003, 86（2）: 191–198.

［53］Tang Chuanhe, Ten Zi, Wang Xiansheng, et al. Physicochemical and functional property of hemp proteinisolate［J］. Journal of Agricultural and Food Chemistry, 2006, 54: 8945–8950.

［54］崔景富，王福军，王丽颖，黄俊操，聂琳. 汉麻及开发前景［J］. 垦殖与稻作，2006，增刊.

［55］姜怀，邹福麟，梁洁，等. 纺织材料学［M］. 第2版. 北京：中国纺织出社，1997.

［56］龚飞. 汉麻纤维及其应用［J］. 山东纺织科技，2010. 3：48–50.

［57］王宝平. 沙棘产业的现状分析及其发展措施［J］. 农产品加工，2008（3）：68–69.

［58］林赫杰，陈钰. 沙棘研究现状、开发利用及发展前景［J］. 天津农业科学，2010，16（2）：128–130.

［59］鲁长征，田永凯，杨莉华，薛萍，任蓓蕾. 沙棘的研究及其开发应用［J］. 中国食物与营养，2010（3）：26–29.

［60］扎西卓玛. 青海沙棘产业发展前景展望与思考［J］. 青海农牧业，2009（3）：30–32.

［61］中国科学院华南植物研究所. 海南植物志，第3卷［M］. 北京：科学出版社，1974：255.

［62］中国科学院植物志编辑委员会. 中国植物志，第63卷［M］. 北京：科学出版社，

1977：384–386.

[63] 傅登祺，黄宏文. 能源植物资源及其开发利用简况 [J]. 武汉植物学研究，2006, 24（2）：183–190.

[64] 李瑞，曹建立，王晓东，赵兵，王玉春. 耐盐碱植物牛角瓜产能成分分析 [J]. 过程工程学报，2007，7（6）：1217–1220.

[65] 张华编辑. 麻竹 [J]. 中国农业信息，2004（1）：29（原始资料出自中央电视台七频道《每日农经》栏目）.

[66] 胡平正，刘学元. 笋材两用竹之王——麻竹 [J]. 四川农业科技，2004（3）：18.

[67] 中国植物志 [M]. 北京：科学出版社. 1996.9（1）：162–164

[68] Behera B K, Arora M, Sharma D K. Studies on Biotransformation of Calotropis procera Latex, a Renewable Source of Petroleum, Value-added Chemicals, and Products [J]. Energy Sources, 2000, 22（9）:781–807.

[69] 叶得明，刘茹. 甘肃省徽县银杏产业发展研究 [J]. 农林科技，2008（6）.

[70] 袁觉，陈有名. 发展银杏产业——江苏省泰兴市"银杏之乡" [J]. 中国林业，2003，9（B）.

[71] 戴仁泉，张建荣，丁海容. 大佛指 摇钱树 长寿园——江苏省泰兴市大力发展银杏产业纪略 [J]. 农村工作通讯，2008，19.

[72] 张殿发，王世杰，李瑞玲. 刍议我国土地荒漠化的制约机制 [J]. 中国沙漠，2001，21（supp）：1–5.

[73] 周天勇. 土地制度安排的供求冲突与其改革的框架性安排 [J]. 管理世界，2003（10）：40–49.

[74] 姜峰. 中国农村土地制度问题研究 [D]. DOI:CNKI:CDMD:1.2008.094727.

[75] 于华江，王小龙. 论营利性治沙的制度创新与风险防范 [J]. 中国律师和法学家，2006，2（11）：28–33.

[76] 王丛霞. 中国西部土地荒漠化防治的制约因素探析——基于利益层面分析 [J]. 宁夏党校学报，2008，10（1）：91–94.

[77] 刘拓. 中国土地沙漠化及其防治策略研究 [D]. DOI: CNKI:CDMD:1.2006.023101.